Jonny Och

Selbst.Bewusst.

144 Impulse für mehr Selbstvertrauen

Impressum
© 2024 Im Selbstverlag von Jonny Och
Kirchberg 14, 85283 Wolnzach
Deutschland

Haftungsausschluss:
Mit Kauf dieses Buchs erklären Sie sich damit einverstanden, dass die in diesem Buch enthaltenen Informationen dazu dienen, hilfreiche Informationen zu den behandelten Themen zu liefern. Dieses Buch ist nicht als Ersatz für medizinische Beratung oder Behandlung zu verstehen. Jede Person mit Beschwerden, die eine medizinische Behandlung erfordern, sollte einen Arzt oder einen geeigneten Therapeuten konsultieren. Der Autor und der Herausgeber können keine Verantwortung für Verluste oder Ansprüche übernehmen, dies sich aus der Verwendung oder dem Missbrauch der gemachten Vorschläge oder der Nichtinanspruchnahme von medizinischem Rat ergeben.

Selbstvertrauen ist ein Thema, das uns alle betrifft – ob in persönlichen Beziehungen, im beruflichen Umfeld oder einfach in der Art und Weise, wie wir mit uns selbst umgehen. In meiner Arbeit als Heilpraktiker für Psychotherapie begegne ich immer wieder Menschen, die an sich selbst zweifeln, sich in einer ständigen Selbstkritik verlieren oder den Mut verloren haben, neue Wege zu gehen. Viele von ihnen tragen schwer an einem geringen Selbstbewusstsein, das sie in ihrem Alltag und ihrer persönlichen Entfaltung einschränkt.

Dieses Buch ist aus der Überzeugung heraus entstanden, dass Selbstvertrauen nicht etwas ist, das uns in die Wiege gelegt wird, sondern etwas, das wir entwickeln und stärken können – Schritt für Schritt, durch bewusste Reflexion und aktive Arbeit an uns selbst. Die Übungen und Impulse, die du in diesem Buch findest, sind nicht nur Werkzeuge, die ich in meiner Praxis erfolgreich angewendet habe, sondern auch Hilfen zur Selbsthilfe, die dich dabei unterstützen, deine eigene innere Stärke zu entdecken und auszubauen.

Auch für mich war das Thema Selbstvertrauen lange Zeit eine Herausforderung. Besonders in meiner Jugend und als junger Erwachsener war es nicht immer leicht, in einer Welt voller Konkurrenz und Erwartungen meinen Platz zu finden. Die Suche nach Selbstakzeptanz, Selbstliebe und Klarheit über meine Werte hat mir geholfen, meinen Weg zu finden – und vor allem zu lernen, dass es nicht nur okay, sondern absolut menschlich ist, unvollkommen zu sein. Diese Einsicht hat meinen Blick auf mich selbst und die Welt verändert.

Mit diesem Buch möchte ich dich ermutigen, dich auf deine eigene Reise zu begeben. Die 144 Impulse und Übungen sind als Begleiter gedacht, die dir helfen, dein Selbstvertrauen zu stärken, dich besser kennenzulernen und deinen ganz persönlichen Weg zu finden. Es ist mein Wunsch, dass dieses Buch dir nicht nur neue Perspektiven eröffnet, sondern dir auch die Werkzeuge an die Hand gibt, um dein Leben bewusst und selbstbewusst zu gestalten.

Ich danke dir, dass du den Mut hast, dich mit diesem Buch auf deine innere Reise einzulassen. Und ich hoffe, dass es dir genauso helfen wird, wie es vielen meiner Klienten und mir selbst geholfen hat.

Herzlichst,
Jonny Och

Einleitung

Selbstvertrauen ist eine der wichtigsten Grundlagen für ein erfülltes und selbstbestimmtes Leben. Es beeinflusst, wie du dich selbst siehst, wie du mit anderen interagierst und wie du Herausforderungen meisterst. Doch für viele Menschen ist Selbstvertrauen kein fester Bestandteil ihres Lebens. Zweifel, Unsicherheiten und der innere Kritiker begleiten sie oft täglich. Genau hier setzt dieses Buch an.

Selbstvertrauen ist kein angeborenes Talent, sondern eine Fähigkeit, die du Schritt für Schritt entwickeln und stärken kannst. Es geht nicht darum, perfekt zu sein oder allen Erwartungen gerecht zu werden, sondern darum, dir selbst zu vertrauen, deine Werte zu kennen und deinen eigenen Weg zu gehen. In einer Welt, die oft hohe Anforderungen stellt und Vergleiche fördert, ist es wichtiger denn je, ein starkes Fundament in dir selbst zu finden.

Warum ist dieses Buch wichtig?

Viele Menschen leiden still unter einem geringen Selbstwertgefühl. Die ständigen Selbstzweifel können lähmend wirken und die persönliche Entwicklung blockieren. Doch Selbstvertrauen ist nicht nur für große Lebensentscheidungen wichtig. Es hilft dir, auch im Alltag klare Grenzen zu setzen, mutig neue Wege zu gehen und schwierige Situationen zu meistern.

Dieses Buch möchte dir dabei helfen, dein Selbstvertrauen systematisch und nachhaltig aufzubauen. Es bietet dir eine Sammlung von 144 Impulsfragen und Übungen, die dich auf deiner Reise begleiten. Die Inhalte basieren auf praktischen Erfahrungen und bewährten Techniken, die in meiner Arbeit mit Klienten erfolgreich angewendet wurden. Sie bieten dir die Möglichkeit, tief in dich hineinzuschauen, deine Stärken zu erkennen und belastende Gedanken loszulassen.

Wie ist das Buch aufgebaut?

Das Buch ist in **9 Themenbereiche** gegliedert, die jeweils einen wichtigen Aspekt des Selbstvertrauens behandeln – von Selbstwahrnehmung und Selbstakzeptanz über den Umgang mit Kritik bis hin zu den eigenen Werten und Zielen. Jedes Kapitel enthält eine kurze Einführung in das jeweilige Thema, gefolgt von mehreren Impulsfragen und Übungen, die dir helfen, das Thema für dich zu reflektieren und praktisch umzusetzen.

Die Impulse und Übungen sind bewusst vielfältig gestaltet, um dir sowohl leichtere als auch tiefgründigere Reflexionsmöglichkeiten zu bieten. Du kannst das Buch entweder Kapitel für Kapitel durcharbeiten oder gezielt die Themen auswählen, die dich aktuell besonders beschäftigen.

Hinweise zur Nutzung des Buches

Dieses Buch ist als **persönlicher Begleiter** gedacht, den du aktiv mitgestalten kannst. Viele Impulsfragen bieten dir Raum, direkt ins Buch hineinzuschreiben. Nutze diesen Platz, um deine Gedanken, Gefühle und Erkenntnisse festzuhalten. Deine Einträge werden zu wertvollen Momentaufnahmen, die du später noch einmal durchlesen kannst, um zu sehen, wie du dich entwickelt hast.

Manche Fragen und Übungen beschäftigen sich mit belastenden Themen oder schwierigen Emotionen. Für diese Aufgaben kannst du deine Antworten auch auf separate Zettel schreiben und sie anschließend symbolisch vernichten – zum Beispiel durch Zerreißen oder Verbrennen. Dieser Akt kann dir helfen, einen bewussten Abschluss zu finden und dich von belastenden Gedanken zu lösen.

Das Buch lädt dich ein, deinen ganz eigenen Weg zu finden. Nimm dir die Zeit, die du brauchst, und gehe in deinem Tempo vor. Es gibt kein richtig oder falsch – jede Antwort und jeder Gedanke zählt. Wichtig ist, dass du ehrlich zu dir selbst bist und offen für die Erkenntnisse, die sich dir zeigen.

Ich wünsche dir viel Freude und wertvolle Einsichten auf deiner Reise zu mehr Selbstvertrauen. Du hast bereits den ersten Schritt getan – nun liegt der Rest in deinen Händen.

Inhalt

1. Selbstwahrnehmung und Selbstakzeptanz   **8**

1.1. Identität und Selbstbild   9

1.2. Selbstakzeptanz und Selbstliebe   14

1.3. Stärken und Schwächen erkennen   19

1.4. Umgang mit Perfektionismus   24

2. Selbstwert und Selbstvertrauen   **29**

2.1. Aufbau und Pflege des Selbstwertgefühls   30

2.2. Unterschied zwischen Selbstwert und Selbstvertrauen   35

2.3. Umgang mit Selbstzweifeln   40

2.4. Erfolge anerkennen und feiern   45

3. Emotionale Kompetenz   **50**

3.1. Emotionen erkennen und benennen   51

3.2. Umgang mit schwierigen Gefühlen   56

3.3. Emotionale Resilienz stärken   61

3.4. Techniken zur Emotionsregulation   66

4. Selbstwirksamkeit und Eigenverantwortung   **71**

4.1. Glauben an die eigene Handlungskompetenz   72

4.2. Verantwortung für eigene Entscheidungen übernehmen   77

4.3. Ziele setzen und erreichen   82

4.4. Proaktivität und Initiative entwickeln   87

5. Umgang mit Kritik und Misserfolgen   **92**

5.1. Konstruktive Kritik annehmen   93

5.2. Unterscheidung zwischen berechtigter Kritik und persönlichem Angriff   98

5.3. Fehler als Lernmöglichkeiten sehen   103

5.4. Resilienz bei Rückschlägen   108

6.   Soziale Kompetenzen und Beziehungsfähigkeit: **113**

6.1. Aufbau und Pflege von Beziehungen   114

6.2. Grenzen setzen und „Nein" sagen   119

6.3. Empathie und aktives Zuhören   124

6.4. Konfliktmanagement und Kommunikation   129

7.   Umgang mit Vergangenheit, Gegenwart und Zukunft   134

7.1. Aufarbeitung der Vergangenheit   135

7.2. Fokus auf das Hier und Jetzt   140

7.3. Zukunftsplanung und Visionen entwickeln   145

7.4. Abschließen mit belastenden Ereignissen   150

8.   Körperliche und mentale Gesundheit   155

8.1. Achtsamkeit und Selbstfürsorge   156

8.2. Stressbewältigung und Entspannungstechniken   161

8.3. Bedeutung von Schlaf, Ernährung und Bewegung   166

8.4. Mentale Gesundheit und Burnout-Prävention   171

9.   Werte und Ziele   176

9.1. Persönliche Werte klären   177

9.2. Authentizität und Integrität leben   182

9.3. Kurz-, Mittel- und Langzeitziele definieren   187

9.4. Lebensvision entwickeln   192

1. Selbstwahrnehmung und Selbstakzeptanz

Die Basis für inneres Wachstum

Selbstwahrnehmung und Selbstakzeptanz sind wie die Wurzeln eines Baumes. Ohne sie kann kein stabiles Selbstvertrauen wachsen. Sie bilden das Fundament, auf dem du dein inneres Gleichgewicht und deine Stärke aufbaust. Doch was genau bedeuten diese Begriffe, und warum sind sie so wichtig?

Selbstwahrnehmung ist die Fähigkeit, dich selbst ehrlich zu erkennen – deine Gedanken, Gefühle, Verhaltensweisen und Reaktionen. Sie ist wie ein innerer Spiegel, der dir zeigt, wer du bist, jenseits der Masken, die du vielleicht in bestimmten Situationen trägst. Ohne Selbstwahrnehmung kann es schwer sein, Veränderungen bewusst anzugehen oder überhaupt zu wissen, was dir wirklich wichtig ist.

Selbstakzeptanz geht einen Schritt weiter: Sie bedeutet, dass du dich so annimmst, wie du bist – mit all deinen Stärken, Schwächen, Erfolgen und Fehlern. Es ist leicht, sich selbst dann zu mögen, wenn alles gut läuft. Doch wahre Selbstakzeptanz zeigt sich, wenn du dich auch in schwierigen Momenten nicht von dir selbst abwendest. Sie ist die innere Erlaubnis, unvollkommen zu sein, ohne deinen Wert infrage zu stellen.

Diese beiden Qualitäten sind eng miteinander verbunden. Je besser du dich selbst wahrnimmst, desto leichter fällt es dir, dich zu akzeptieren. Und je mehr du dich akzeptierst, desto klarer kannst du dich wahrnehmen – frei von dem Druck, dich ständig verbessern oder verstecken zu müssen.

Warum sind Selbstwahrnehmung und Selbstakzeptanz entscheidend für dein Selbstvertrauen? Weil sie dir helfen, ein solides Fundament zu schaffen. Ein Fundament, das dich auch in stürmischen Zeiten trägt. Sie ermöglichen es dir, ehrlich zu dir selbst zu sein, ohne dich zu verurteilen. Und sie geben dir die innere Sicherheit, dass du in jeder Situation auf dich selbst zählen kannst – egal, was das Leben dir entgegenwirft.

1.1.   Identität und Selbstbild

Wer bin ich, wenn niemand zuschaut?

Selbstwahrnehmung beginnt mit der Frage: *Wer bin ich?* Vielleicht hast du das Gefühl, diese Frage leicht beantworten zu können, indem du deinen Beruf, deine Hobbys oder deine Beziehungen aufzählst. Doch das ist nur die Oberfläche. Dein Selbstbild – das, was du über dich glaubst – ist oft ein Puzzle, das aus vielen Teilen besteht: Erfahrungen, Erinnerungen, Meinungen anderer und deiner eigenen Interpretation all dessen.

Stell dir vor, dein Selbstbild ist wie ein Spiegel. Doch dieser Spiegel ist nicht immer klar und unverzerrt. Manchmal siehst du dich durch die Linse der Kritik, manchmal durch die Augen der Liebe. Je nachdem, wie andere dich behandelt haben oder welche Geschichten du dir selbst erzählst, kann der Spiegel wackeln, trüb oder sogar zerbrochen sein.

Ein gesundes Selbstvertrauen entsteht, wenn du beginnst, dein Spiegelbild zu akzeptieren, egal wie es aussieht. Du erkennst, dass du nicht nur aus deinen Erfolgen oder Fehlern bestehst, sondern aus einer einzigartigen Mischung von Eigenschaften und Erfahrungen. Jeder Riss im Spiegel erzählt eine Geschichte und jede dieser Geschichten hat dich zu dem Menschen gemacht, der du heute bist.

Eine der größten Hürden auf dem Weg zu einem klaren Selbstbild ist der innere Kritiker. Diese Stimme, die dir zuflüstert, dass du nicht gut genug bist, dass andere besser, klüger oder liebenswerter sind. Aber was wäre, wenn du deinen inneren Kritiker nicht als Feind, sondern als überbesorgten Freund sehen würdest? Er will dich vielleicht vor Enttäuschungen schützen, doch dabei hindert er dich oft daran, dein wahres Potenzial zu sehen.

Um dein Selbstvertrauen zu stärken, lohnt es sich, deinen Spiegel regelmäßig zu reinigen. Das bedeutet, deine Gedanken zu hinterfragen, Glaubenssätze zu überprüfen und dich daran zu erinnern, dass du mehr bist als das, was du manchmal über dich denkst.

Wie würdest du dich selbst in drei Sätzen beschreiben?

Welche drei Eigenschaften schätzt du am meisten an dir?

Wer bist du, wenn niemand zusieht?

Welche Rolle spielst du in deinem Leben am häufigsten (z. B. Helfer, Macher, Träumer)?

1.2.   Selbstakzeptanz und Selbstliebe

Freundschaft mit dir selbst schließen

Selbstakzeptanz ist wie eine warme Decke an einem kalten Tag. Sie umhüllt dich, auch wenn du dich gerade nicht perfekt fühlst. Doch leider sind viele von uns Meister darin, sich selbst zu kritisieren. Vielleicht erkennst du das: Du schaust in den Spiegel und siehst zuerst die Falten, die Makel oder die Dinge, die du an dir ändern möchtest. Aber was wäre, wenn du lernen könntest, dich selbst wie einen guten Freund zu behandeln?

Selbstliebe beginnt mit kleinen Gesten der Freundlichkeit dir selbst gegenüber. Sie bedeutet nicht, dass du dich über Nacht perfekt finden musst. Es bedeutet, dass du dir erlaubst, Mensch zu sein – mit all deinen Stärken und Schwächen. Denk an eine Pflanze: Sie wächst nicht schneller, wenn du sie anschreist. Sie braucht Wasser, Licht und Geduld. Genauso ist es mit dir.

Ein großer Schritt zur Selbstakzeptanz ist, anzuerkennen, dass du nicht in allem perfekt sein musst, um liebenswert zu sein. Die Welt wird dich nicht mehr schätzen, weil du dich in jeden Bereich hineinoptimierst. Im Gegenteil: Oft sind es unsere Ecken und Kanten, die uns authentisch und menschlich machen.

Ein weiterer Schlüssel ist Vergebung. Manchmal hält uns die Vergangenheit fest – Fehler, die wir gemacht haben, Dinge, die wir bereuen. Doch sich selbst zu vergeben, ist wie das Ablegen eines schweren Rucksacks. Du kannst weitergehen, ohne ständig auf die alten Lasten zurückzublicken. Selbstakzeptanz schenkt dir die Freiheit, im Hier und Jetzt zu leben.

Nenne drei Dinge an dir, die du bisher schwer akzeptieren konntest. Warum?

Wann hast du dich zuletzt so akzeptiert, wie du bist? Beschreibe die Situation.

Schreibe dir einen Brief, in dem du dich für etwas lobst, das dir schwerfällt.

Was bedeutet Selbstliebe für dich, und wie kannst du sie heute praktizieren?

1.3.   Stärken und Schwächen erkennen

Deine persönliche Schatzsuche

Jeder Mensch trägt einen inneren Schatz in sich – seine Stärken. Doch oft sind wir so fixiert auf unsere Schwächen, dass wir den Schatz nicht sehen. Kennst du das Gefühl, dass deine Schwächen größer erscheinen als deine Talente? Das liegt daran, dass unser Gehirn dazu neigt, Negatives stärker wahrzunehmen als Positives. Doch mit etwas Übung kannst du deinen Fokus verändern.

Stell dir vor, du bist ein Entdecker, der auf Schatzsuche geht. Deine Stärken sind wie Goldstücke, die im Alltag oft im Verborgenen bleiben. Vielleicht ist es deine Geduld, die anderen hilft, Ruhe zu finden, oder deine Kreativität, die Lösungen in schwierigen Situationen findet. Doch auch deine Schwächen haben ihren Platz. Sie sind wie Warnlichter, die dir zeigen, wo du wachsen kannst.

Ein wichtiger Schritt ist, deine Schwächen nicht als Makel zu sehen, sondern als Teil deiner menschlichen Erfahrung. Niemand ist in allem perfekt – und das ist auch gut so. Schwächen zeigen uns, wo wir lernen und uns weiterentwickeln können. Und manchmal sind sie nur Schwächen, weil wir sie in einem bestimmten Kontext sehen. In einem anderen Kontext könnten sie hingegen Stärken sein.

Der Weg zu mehr Selbstvertrauen führt über das Bewusstsein deiner Stärken. Schreib dir deine Erfolge auf, feiere deine kleinen Siege und erinnere dich daran, dass jeder noch so kleine Goldklumpen deinen inneren Schatz vergrößert.

Was sind deine größten Stärken, und wie setzt du sie im Alltag ein?

Welche deiner Schwächen könntest du als Stärke umdeuten?

Welche Stärke hast du dir im Laufe deines Lebens angeeignet?
Wie?

Erinnere dich an eine Situation, in der eine Schwäche dir im Weg stand. Was hast du daraus gelernt?

1.4.   Umgang mit Perfektionismus

Die Kunst des „Gut genug"

Perfektionismus ist wie ein ständiger Begleiter, der dir einflüstert, dass es immer noch besser geht. Ein Projekt könnte noch perfekter sein, eine Leistung noch herausragender. Doch während Perfektionismus dich manchmal antreibt, hält er dich oft auch zurück. Er kann dir das Gefühl geben, nie genug zu sein, egal wie viel du erreichst.

Aber was wäre, wenn du lernen könntest, mit Perfektionismus Frieden zu schließen? Perfektionismus ist wie ein Bildhauer, der immer wieder an seiner Statue feilt, bis er feststellt, dass die Statue nie fertig wird. Manchmal ist „gut genug" genau das, was du brauchst, um voranzukommen.

Ein Schritt, um Perfektionismus abzulegen, ist, dir bewusst zu machen, dass Fehler und Unvollkommenheiten Teil des Wachstums sind. Sie zeigen, dass du mutig genug bist, es überhaupt zu versuchen. Der Versuch, perfekt zu sein, kann dich lähmen, während das Akzeptieren des „Gut genug" dir erlaubt, dich frei zu entfalten.

Erinnere dich: Niemand erwartet von dir, dass du in allem glänzt. Dein Wert hängt nicht davon ab, wie perfekt du bist, sondern wie authentisch du lebst. Und manchmal bedeutet das, loszulassen und zu sagen: „Es ist gut so, wie es ist."

Wann hast du zuletzt etwas „gut genug" gemacht, anstatt es perfekt machen zu wollen?

Welche Bereiche deines Lebens sind von Perfektionismus geprägt? Warum?

In welchen Situationen hat dich dein Perfektionismus gebremst.

Was wäre anders, wenn du weniger hohen Ansprüchen genügen müsstest?

2. Selbstwert und Selbstvertrauen

Der Schlüssel zu innerer Stärke

Selbstwert und Selbstvertrauen sind zwei fundamentale Aspekte, die eng miteinander verknüpft sind und das Fundament für ein gesundes Selbstbewusstsein bilden. Während Selbstwert das grundlegende Gefühl beschreibt, als Mensch wertvoll zu sein, unabhängig von äußeren Leistungen oder Anerkennung, bezieht sich Selbstvertrauen auf das Vertrauen in die eigenen Fähigkeiten und Kompetenzen, bestimmte Aufgaben oder Herausforderungen zu meistern.

Ein starkes Selbstwertgefühl gibt dir die innere Sicherheit, dass dein Wert nicht von äußeren Umständen abhängt. Es hilft dir, mit Kritik, Rückschlägen und Unsicherheiten gelassener umzugehen, da du dich nicht ständig in deinem Wert infrage stellst. Selbstvertrauen hingegen ist spezifischer und situationsabhängig. Es entwickelt sich durch Erfahrung und Erfolg in bestimmten Bereichen, zum Beispiel in der Schule, im Beruf, in sozialen Interaktionen oder bei persönlichen Projekten.

Beide Aspekte wirken zusammen: Ein stabiler Selbstwert bildet die Grundlage, auf der Selbstvertrauen wachsen kann. Gleichzeitig stärken positive Erfahrungen und der Umgang mit Herausforderungen dein Selbstvertrauen und tragen so indirekt auch zu einem stärkeren Selbstwert bei. Menschen mit einem gesunden Verhältnis zu sich selbst sind eher in der Lage, neue Herausforderungen anzugehen, sich Ziele zu setzen und an sich zu glauben – selbst in unsicheren oder schwierigen Situationen.

Das Ziel dieses Kapitels ist es, dir zu helfen, sowohl deinen Selbstwert als auch dein Selbstvertrauen zu erkennen, zu stärken und nachhaltig zu pflegen. Denn beides sind Schlüssel, die dir den Zugang zu einem erfüllteren und sichereren Leben ermöglichen.

2.1.   Aufbau und Pflege des Selbstwertgefühls

Deine innere Schatzkammer

Dein Selbstwertgefühl ist wie eine Schatzkammer, gefüllt mit all den Dingen, die du über dich selbst glaubst. Doch im Alltag vergessen wir oft, diese Schatzkammer regelmäßig zu öffnen und ihre Kostbarkeiten zu betrachten. Stattdessen schauen wir häufig nur auf das, was uns fehlt – und das macht die Kammer leerer, als sie in Wirklichkeit ist.

Selbstwert bedeutet, dir selbst einen inneren Wert zuzuschreiben, unabhängig von äußeren Erfolgen, Meinungen oder materiellen Dingen. Er ist die Grundlage, die dir zeigt: *Ich bin wertvoll, einfach weil ich bin.* Das klingt vielleicht einfach, doch viele von uns kämpfen mit inneren Stimmen, die das Gegenteil behaupten. Diese Stimmen können von Erfahrungen in der Kindheit, negativen Rückmeldungen oder gesellschaftlichen Erwartungen herrühren.

Stell dir deinen Selbstwert wie eine Pflanze vor. Sie braucht regelmäßige Pflege: Wasser, Licht und Geduld. Jedes Mal, wenn du dir etwas Gutes tust, ein Lob annimmst oder dir erlaubst, Fehler zu machen, gießt du diese Pflanze. Es ist ein langfristiger Prozess, und wie bei einer Pflanze wirst du nicht sofort Ergebnisse sehen. Doch mit der Zeit wächst etwas Stabiles und Schönes heran.

Ein gesunder Selbstwert ist die Basis für Selbstvertrauen, denn er gibt dir die innere Sicherheit, dass du wertvoll bist, unabhängig davon, was du tust oder erreichst. Erinnere dich daran, dass du deinen Wert nicht beweisen musst – er ist immer da, wie ein unverrückbarer Schatz in dir.

Was gibt dir das Gefühl, wertvoll zu sein?

Wann hast du dich zuletzt wertlos gefühlt? Was war der Auslöser?

Welche inneren Überzeugungen fördern deinen Selbstwert?

Wie könntest du heute etwas für dein Selbstwertgefühl tun?

2.2. Unterschied zwischen Selbstwert und Selbstvertrauen

Zwei Seiten einer Medaille

Selbstwert und Selbstvertrauen werden oft verwechselt, doch sie sind zwei unterschiedliche, aber miteinander verbundene Konzepte. Stell dir vor, Selbstwert ist wie das Fundament eines Hauses, während Selbstvertrauen die Wände und das Dach sind. Das Fundament gibt Stabilität, während das Dach Schutz bietet – beides ist notwendig, um ein solides Zuhause zu schaffen.

Selbstwert bezieht sich auf das Gefühl, dass du als Mensch wertvoll bist, unabhängig von deinen Leistungen oder äußeren Umständen. Selbstvertrauen hingegen ist der Glaube an deine Fähigkeiten und Kompetenzen in bestimmten Situationen. Du kannst ein hohes Selbstvertrauen in bestimmten Bereichen haben – zum Beispiel in deinem Beruf – und gleichzeitig an deinem Selbstwert zweifeln, wenn du das Gefühl hast, nicht genug zu sein.

Ein Beispiel: Du könntest dich bei einer Präsentation vor anderen sicher fühlen (Selbstvertrauen), aber trotzdem denken, dass dein Beitrag nicht wichtig genug ist (niedriger Selbstwert). Umgekehrt kannst du einen starken Selbstwert haben – du weißt, dass du als Mensch wertvoll bist – und dennoch in neuen Situationen unsicher sein, weil dir die Erfahrung fehlt.

Das Zusammenspiel von Selbstwert und Selbstvertrauen ist entscheidend. Wenn dein Selbstwert stabil ist, fällt es dir leichter, auch in schwierigen Momenten Selbstvertrauen zu entwickeln. Gleichzeitig stärken positive Erfahrungen dein Selbstvertrauen und können damit auch deinen Selbstwert stützen.

Wann hast du dich zuletzt selbstbewusst gefühlt? Warum?

Wo liegen Unterschiede zwischen deinem Selbstvertrauen und deinem Selbstwert?

Wie fühlst du dich, wenn du etwas Neues ausprobierst? Warum?

Wodurch könntest du dein Selbstvertrauen stärken, ohne deinen Selbstwert zu beeinflussen?

2.3.   Umgang mit Selbstzweifeln

Der innere Kritiker und wie du ihn zähmst

Selbstzweifel sind wie kleine Wolken, die sich plötzlich am Himmel deines Geistes zusammenziehen. Sie flüstern dir ein: *Bist du sicher, dass du das kannst? Was, wenn du scheiterst?* Diese Zweifel sind ein natürlicher Teil des Lebens und können sogar hilfreich sein, wenn sie dich dazu bringen, gründlich nachzudenken oder besser vorbereitet zu sein. Doch oft übertreiben sie und halten dich davon ab, dein Potenzial zu entfalten.

Stell dir Selbstzweifel wie einen übervorsichtigen Freund vor. Dieser Freund will dich vor Enttäuschungen schützen, aber dabei vergisst er, dass du auch wachsen und lernen möchtest. Es geht nicht darum, die Selbstzweifel ganz loszuwerden, sondern sie zu erkennen und einen gesunden Umgang mit ihnen zu finden.

Ein erster Schritt ist, deine Selbstzweifel zu hinterfragen. Sind sie wirklich wahr? Gibt es Beweise für das Gegenteil? Oft hilft es, sich bewusst an vergangene Erfolge zu erinnern oder mit jemandem zu sprechen, der dich gut kennt und dir eine andere Perspektive bieten kann.

Der nächste Schritt ist, trotz der Zweifel ins Handeln zu kommen. Mut bedeutet nicht, keine Angst oder Zweifel zu haben, sondern trotzdem den ersten Schritt zu wagen. Jeder kleine Erfolg – und sei er noch so klein – ist wie ein Sonnenstrahl, der die Wolken der Selbstzweifel vertreibt.

Welche Situationen lösen bei dir Selbstzweifel aus?

Wie gehst du in der Regel mit Selbstzweifeln um? Was funktioniert gut, was weniger?

Schreibe eine Liste mit Beweisen, warum du deinen Zweifeln nicht glauben solltest.

Welche Worte würdest du einer guten Freundin sagen, die an sich selbst zweifelt?

2.4. Erfolge anerkennen und feiern

Deine persönliche Heldenreise

Im hektischen Alltag vergessen wir oft, unsere Erfolge wahrzunehmen. Wir hetzen von einem Ziel zum nächsten, ohne uns die Zeit zu nehmen, innezuhalten und stolz auf das Erreichte zu sein. Doch Erfolge anzuerkennen – egal, ob sie groß oder klein sind – ist ein wesentlicher Bestandteil, um Selbstvertrauen aufzubauen.

Stell dir dein Leben wie eine Heldenreise vor. Jeder Tag bietet dir Herausforderungen, und jedes Mal, wenn du eine Hürde meisterst, sammelst du neue Erfahrungen und wächst daran. Doch was wäre eine Heldenreise ohne Momente der Anerkennung? Ohne diese Momente, in denen du dir sagst: *Das habe ich gut gemacht*?

Es geht nicht darum, sich selbst zu glorifizieren, sondern bewusst wahrzunehmen, was du geleistet hast. Vielleicht hast du heute eine schwierige Aufgabe gemeistert, ein Problem gelöst oder dich einer Angst gestellt. All das sind Erfolge, die es wert sind, gefeiert zu werden.

Eine schöne Übung ist, am Ende des Tages drei Dinge aufzuschreiben, die dir gelungen sind. Diese Liste ist wie ein Tagebuch deiner Heldenreise – eine Sammlung von Momenten, in denen du über dich hinausgewachsen bist. Indem du deine Erfolge würdigst, stärkst du nicht nur dein Selbstvertrauen, sondern gibst dir selbst die Anerkennung, die du verdienst.

Was war dein letzter Erfolg, und wie hast du ihn gefeiert?

Welche Erfolge in deinem Leben hast du bisher vielleicht nicht ausreichend gewürdigt?

Erstelle eine „Erfolgsliste" der letzten drei Jahre.

Wie kannst du dich für kleine Erfolge im Alltag belohnen?

3. Emotionale Kompetenz

Der Schlüssel zu innerer Stabilität

Emotionale Kompetenz ist die Fähigkeit, die eigenen Gefühle bewusst wahrzunehmen, sie zu verstehen und angemessen mit ihnen umzugehen. Sie umfasst auch das Einfühlungsvermögen in die Emotionen anderer und die Fähigkeit, in sozialen Situationen sensibel und konstruktiv zu handeln. Emotionen spielen eine zentrale Rolle in unserem Leben, da sie unsere Entscheidungen, Beziehungen und unser allgemeines Wohlbefinden maßgeblich beeinflussen.

Ein wichtiger Bestandteil emotionaler Kompetenz ist das Erkennen und Benennen von Gefühlen. Viele Menschen erleben Emotionen, ohne sie klar definieren zu können, was es schwieriger macht, sie zu steuern. Wer jedoch lernt, seine Gefühle präzise zu benennen, gewinnt eine tiefere Einsicht in sein eigenes Verhalten und seine Reaktionen.

Ebenso wichtig ist der Umgang mit schwierigen Emotionen wie Wut, Angst oder Trauer. Diese Gefühle können belastend sein, doch sie haben eine wichtige Funktion, indem sie auf bestimmte Bedürfnisse oder Konflikte hinweisen. Der bewusste Umgang mit ihnen ermöglicht es, sie konstruktiv zu nutzen, anstatt von ihnen überwältigt zu werden.

Ein weiterer Aspekt ist die emotionale Resilienz, die Fähigkeit, in belastenden Situationen innerlich stabil zu bleiben und sich von Rückschlägen zu erholen. Resiliente Menschen verfügen über Strategien, um auch in schwierigen Zeiten handlungsfähig zu bleiben, und sie können aus Herausforderungen lernen und wachsen.

Schließlich gehören zur emotionalen Kompetenz auch Techniken zur Emotionsregulation. Diese helfen, intensive Gefühle zu beruhigen und eine innere Balance zu finden.

Emotionale Kompetenz ist entscheidend für die Entwicklung eines stabilen Selbstvertrauens, da sie dir die Fähigkeit gibt, deine Gefühle zu verstehen und zu lenken. Sie hilft dir, dich selbst besser zu steuern, klarer zu kommunizieren und in herausfordernden Situationen gelassener zu reagieren.

3.1. Emotionen erkennen und benennen

Deine innere Wetterkarte

Emotionen begleiten uns jeden Tag, oft ohne, dass wir ihnen viel Aufmerksamkeit schenken. Emotionen sind wie Wolken am Himmel. Manchmal sind sie leicht und hell, manchmal schwer und dunkel. Doch sie ziehen vorüber, egal wie intensiv sie sind. Wenn du aufhörst, gegen sie anzukämpfen oder sie zu bewerten, kannst du sie einfach beobachten. Der Himmel selbst bleibt davon unberührt – genauso wie dein inneres Selbst von den Gefühlen, die kommen und gehen.

Gefühle sind wie ein inneres Wetter, das ständig wechselt – manchmal scheint die Sonne, manchmal ziehen Gewitterwolken auf. Doch viele Menschen haben Schwierigkeiten, ihre Emotionen klar zu erkennen und zu benennen. Stattdessen fühlen sie sich einfach „gut" oder „schlecht", ohne wirklich zu verstehen, was in ihnen vorgeht.

Emotionale Kompetenz beginnt damit, genauer hinzusehen. Was genau fühlst du in diesem Moment? Ist es Freude, Erleichterung, Ärger oder vielleicht eine subtile Mischung aus mehreren Gefühlen? Indem du deine Emotionen klar benennen kannst, gewinnst du mehr Kontrolle über dein inneres Erleben. Du kannst besser nachvollziehen, warum du dich in einer bestimmten Situation so fühlst, und entsprechend handeln.

Ein praktischer erster Schritt ist, regelmäßig innezuhalten und dich selbst zu fragen: *Wie fühle ich mich gerade?* Schreibe deine Gefühle auf, auch wenn sie diffus oder widersprüchlich erscheinen. Mit der Zeit wirst du ein besseres Gespür dafür entwickeln, welche Emotionen in dir aufkommen und welche Auslöser dahinterstehen. Dieses Bewusstsein ist der Schlüssel, um deine Emotionen gezielt zu steuern und dein Selbstvertrauen zu stärken.

Welche Emotionen hast du in den letzten 24 Stunden erlebt?
Beschreibe sie.

Wie fühlt sich Freude in deinem Körper an?

Gibt es eine Emotion, die du oft unterdrückst? Warum?

Notiere ein Ereignis und die Emotion, die es ausgelöst hat. War diese Emotion angemessen?

3.2.   Umgang mit schwierigen Gefühlen

Wenn die Wellen hochschlagen

Schwierige Gefühle wie Wut, Angst oder Trauer können überwältigend sein. Sie fühlen sich oft wie eine Welle an, die über dir zusammenschlägt und dich mitreißt. Sie kommt mit voller Wucht und scheint dich zu überwältigen.

Doch auch diese Gefühle haben ihren Platz und ihre Funktion. Sie sind Signale deines Körpers, die dir zeigen, dass etwas Wichtiges passiert, das deine Aufmerksamkeit erfordert.

Wenn du lernst, ihnen nicht entgegenzuschwimmen, sondern sie anzunehmen und mit ihnen zu fließen, wirst du feststellen, dass sie abebben. Nach der Flut kommt immer die Ebbe, und du stehst wieder sicher auf festem Boden.

Der erste Schritt im Umgang mit schwierigen Gefühlen ist, sie nicht zu unterdrücken oder wegzuschieben. Viele von uns versuchen, unangenehme Emotionen schnell loszuwerden, doch das führt oft dazu, dass sie im Hintergrund weiterbrodeln und später noch intensiver zurückkehren. Stattdessen kannst du lernen, schwierige Gefühle zu akzeptieren und ihnen Raum zu geben.

Frage dich: *Was will mir dieses Gefühl sagen?* Vielleicht zeigt dir deine Wut, dass eine Grenze überschritten wurde, oder deine Angst weist auf eine Unsicherheit hin, die du angehen solltest. Sobald du das Gefühl akzeptiert hast, kannst du überlegen, wie du konstruktiv damit umgehen möchtest. Atemübungen, Schreiben oder ein offenes Gespräch mit jemandem, dem du vertraust, können dir helfen, schwierige Emotionen zu verarbeiten und wieder Klarheit zu gewinnen.

Der bewusste Umgang mit deinen Gefühlen stärkt dein Selbstvertrauen, weil du lernst, auch in emotional herausfordernden Situationen handlungsfähig zu bleiben. Du erkennst, dass du die Kontrolle über dein inneres Erleben hast, statt von deinen Emotionen überwältigt zu werden.

Was tust du, wenn du wütend bist? Hilft dir das?

Wann hast du zuletzt Angst gespürt, und wie bist du damit umgegangen?

Schreibe über eine Situation, in der du deine Trauer zugelassen hast. Wie hat es sich angefühlt?

Welche Bewältigungsstrategien könntest du für schwierige Gefühle ausprobieren?

3.3.   Emotionale Resilienz stärken

Der innere Schutzschild

Emotionale Resilienz beschreibt die Fähigkeit, trotz belastender Ereignisse oder schwieriger Gefühle innerlich stabil zu bleiben. Es geht nicht darum, niemals Schmerz oder Enttäuschung zu erleben, sondern darum, nach solchen Erfahrungen wieder aufzustehen und gestärkt daraus hervorzugehen.

Eine wichtige Grundlage für emotionale Resilienz ist das Vertrauen in deine eigenen Bewältigungsfähigkeiten. Frage dich: *Welche Herausforderungen habe ich in der Vergangenheit bereits gemeistert?* Oft erkennen wir erst im Rückblick, wie stark wir in schwierigen Zeiten waren. Diese Erinnerungen können dir helfen, auch in Zukunft an dich zu glauben.

Ein weiterer wichtiger Aspekt ist der Aufbau eines unterstützenden Umfelds. Menschen, die dir zuhören, dich ermutigen und dir in schwierigen Zeiten zur Seite stehen, sind wie ein Netz, das dich auffängt. Gleichzeitig kannst du durch Achtsamkeit und Selbstfürsorge deine innere Stärke fördern. Regelmäßige Pausen, Bewegung und bewusstes Genießen von kleinen Freuden im Alltag helfen dir, deine Energiereserven aufzufüllen.

Emotionale Resilienz bedeutet, dir selbst zu vertrauen, auch wenn das Leben unvorhersehbar ist. Sie gibt dir die Sicherheit, dass du mit allem umgehen kannst, was auf dich zukommt – ein entscheidender Baustein für dein Selbstvertrauen.

Wie bist du in der Vergangenheit mit schwierigen Zeiten umgegangen? Was hat dir geholfen?

Welche inneren Ressourcen hast du, die dir in emotional belastenden Situationen helfen?

Denke an eine Krise, die du gemeistert hast. Welche Fähigkeiten hast du dabei entdeckt?

Was könntest du heute tun, um deine emotionale Widerstandskraft zu stärken?

3.4.   Techniken zur Emotionsregulation

Der Schlüssel zur inneren Balance

Manchmal fühlen sich unsere Emotionen wie ein unkontrollierbarer Sturm an. Doch es gibt Techniken, die dir helfen können, diesen Sturm zu beruhigen und wieder in deine innere Balance zu finden. Diese Techniken zur Emotionsregulation sind Werkzeuge, die du in deinem Alltag einsetzen kannst, um mit intensiven Gefühlen besser umzugehen.

Eine der bekanntesten Methoden ist die bewusste Atmung. Wenn du merkst, dass eine Emotion wie Angst oder Wut in dir hochkocht, nimm dir einen Moment, um tief und langsam zu atmen. Diese einfache Technik hilft, dein Nervensystem zu beruhigen und gibt dir die Chance, einen klaren Kopf zu bewahren.

Ein weiteres effektives Werkzeug ist das Schreiben. Wenn dich eine Emotion überwältigt, setze dich hin und schreibe alles auf, was dir durch den Kopf geht. Dieser Prozess hilft, deine Gedanken und Gefühle zu ordnen und einen neuen Blickwinkel auf die Situation zu gewinnen.

Auch körperliche Bewegung kann Wunder wirken. Ein Spaziergang, eine Runde Yoga oder einfaches Strecken und Dehnen können dir helfen, angestaute Emotionen loszulassen und wieder zu dir selbst zu finden.

Der Schlüssel zur Emotionsregulation ist, dass du dich nicht von deinen Gefühlen beherrschen lässt, sondern bewusst entscheidest, wie du mit ihnen umgehen möchtest. Mit der Zeit wirst du lernen, welche Techniken für dich am besten funktionieren, und kannst sie gezielt einsetzen, um deine innere Balance und dein Selbstvertrauen zu stärken.

Welche Techniken zur Beruhigung hast du bisher ausprobiert?
Welche funktionieren gut?

Beschreibe eine Situation, in der du durch bewusstes Atmen zur Ruhe gekommen bist.

Wie könntest du deine Gedanken lenken, um negative Emotionen abzuschwächen?

Erstelle eine Liste mit Dingen, die dir helfen, dich emotional auszugleichen.

4. Selbstwirksamkeit und Eigenverantwortung

Die Grundlage für ein selbstbestimmtes Leben

Selbstwirksamkeit und Eigenverantwortung sind zwei zentrale Pfeiler eines erfüllten und selbstbestimmten Lebens. Selbstwirksamkeit bezeichnet das Vertrauen in die eigene Fähigkeit, Herausforderungen zu bewältigen und Ziele zu erreichen. Es geht darum, die Überzeugung zu entwickeln, dass das eigene Handeln einen Unterschied macht. Menschen mit einer hohen Selbstwirksamkeit fühlen sich in der Lage, auch schwierige Situationen aktiv zu gestalten, anstatt sich von äußeren Umständen überwältigen zu lassen.

Eigenverantwortung hingegen bedeutet, die Verantwortung für das eigene Leben, die eigenen Entscheidungen und deren Konsequenzen zu übernehmen. Es geht darum, nicht nur passiv auf das zu reagieren, was geschieht, sondern aktiv Einfluss zu nehmen und bewusste Entscheidungen zu treffen. Wer Eigenverantwortung übernimmt, erkennt, dass er oder sie selbst die Hauptperson im eigenen Leben ist, unabhängig davon, welche äußeren Faktoren eine Rolle spielen.

Beide Konzepte sind eng miteinander verbunden. Eine starke Selbstwirksamkeit erleichtert es, Verantwortung zu übernehmen, da sie dir zeigt, dass du in der Lage bist, durch dein Handeln etwas zu bewirken. Gleichzeitig fördert Eigenverantwortung das Gefühl der Selbstwirksamkeit, weil sie dir ermöglicht, aktiv an deinen Zielen zu arbeiten und aus deinen Erfahrungen zu lernen.

Das Kapitel zielt darauf ab, dir Werkzeuge und Strategien an die Hand zu geben, mit denen du sowohl dein Gefühl der Selbstwirksamkeit stärken als auch mehr Eigenverantwortung in deinem Leben übernehmen kannst. Diese Fähigkeiten sind entscheidend, um dein Selbstvertrauen nachhaltig zu entwickeln und dein Leben in die Richtung zu lenken, die dir wichtig ist.

4.1. Glauben an die eigene Handlungskompetenz

Du kannst mehr, als du denkst

Selbstwirksames Handeln ist geprägt von dem Vertrauen in die eigene Fähigkeit, schwierige Situationen zu meistern und Einfluss auf das eigene Leben zu nehmen. Sie ist das Fundament für ein selbstbestimmtes Leben. Menschen mit einem hohen Gefühl der Selbstwirksamkeit sind überzeugt, dass sie ihre Ziele durch eigenes Handeln erreichen können – auch wenn der Weg dorthin schwierig ist.

Dieses Vertrauen entsteht nicht über Nacht. Es wird durch Erfahrungen aufgebaut, in denen du dich selbst als wirksam erlebst. Denk an Situationen, in denen du ein Problem gelöst oder ein Ziel erreicht hast, obwohl du anfangs unsicher warst. Diese Erlebnisse zeigen dir, dass du auch in schwierigen Momenten auf dich zählen kannst.

Ein entscheidender Schritt zur Stärkung deiner Selbstwirksamkeit ist, Verantwortung für dein Handeln zu übernehmen. Das bedeutet, dir bewusst zu machen, dass du in vielen Situationen die Wahl hast – auch wenn es sich manchmal nicht so anfühlt. Indem du aktiv handelst, anstatt passiv abzuwarten, stärkst du dein Vertrauen in dich selbst.

Der Glaube an deine Handlungskompetenz ist wie ein gut trainierter Muskel. Je öfter du ihn nutzt, desto stärker wird er. Anfangs mag es anstrengend sein, kleine Entscheidungen zu treffen oder Herausforderungen zu bewältigen. Doch mit jedem Erfolg wächst deine Stärke, und du wirst merken, dass du immer größere Gewichte heben kannst – sowohl im wörtlichen als auch im übertragenen Sinn.

Ein weiterer wichtiger Faktor ist, realistische Ziele zu setzen. Wenn du dir erreichbare Etappen setzt, kannst du Erfolge feiern und so dein Gefühl der Selbstwirksamkeit Schritt für Schritt ausbauen. Jedes kleine Erfolgserlebnis bestätigt dir: *Ich kann etwas bewirken.*

Beschreibe eine Situation, in der du ein Problem erfolgreich gelöst hast. Welche Schritte hast du unternommen?

Was hält dich manchmal davon ab, aktiv zu handeln?

Notiere drei Dinge, die du heute erledigen kannst, um dich selbstwirksam zu fühlen.

Welche Aufgabe erscheint dir aktuell besonders schwierig? Wie könntest du sie in kleine Schritte aufteilen?

4.2. Verantwortung für eigene Entscheidungen übernehmen

Dein Leben in die Hand nehmen

Eigenverantwortung bedeutet, die Verantwortung für deine Entscheidungen und deren Konsequenzen zu übernehmen. Es geht darum, nicht nur passiv auf äußere Umstände zu reagieren, sondern aktiv dein Leben zu gestalten. Das kann herausfordernd sein, denn es bedeutet auch, Fehler anzuerkennen und daraus zu lernen, anstatt anderen die Schuld zu geben.

Das Übernehmen von Verantwortung ist wie das Steuern eines Bootes auf offener See. Du entscheidest, in welche Richtung du segelst und wie du auf Stürme reagierst. Selbst wenn die Wellen dich manchmal vom Kurs abbringen, bist du derjenige, der das Steuer in der Hand hält und den Kurs korrigieren kann. Ohne Eigenverantwortung wärst du nur Passagier.

Viele Menschen scheuen sich davor, volle Verantwortung zu übernehmen, weil es bequemer erscheint, äußere Umstände oder andere Menschen für ihre Situation verantwortlich zu machen. Doch in Wahrheit liegt darin eine große Chance: Wenn du Verantwortung für dein Leben übernimmst, gewinnst du Kontrolle über deine Zukunft. Du bist nicht länger ein Spielball des Schicksals, sondern der Gestalter deines eigenen Weges.

Ein wichtiger Schritt ist, dich selbst für deine Entscheidungen zu respektieren, auch wenn sie sich im Nachhinein als nicht ideal herausstellen. Jeder Mensch trifft Entscheidungen auf Basis der Informationen und Gefühle, die ihm in dem Moment zur Verfügung stehen. Rückblickend sind wir oft schlauer, aber das bedeutet nicht, dass deine damalige Entscheidung „falsch" war. Eigenverantwortung bedeutet auch, dir selbst gegenüber nachsichtig zu sein und dich nicht für vergangene Fehler zu verurteilen.

Durch das Übernehmen von Verantwortung stärkst du dein Selbstvertrauen, denn du erkennst, dass du in der Lage bist, Entscheidungen zu treffen und mit ihren Konsequenzen umzugehen – egal, ob diese positiv oder herausfordernd sind.

Wann hast du zuletzt eine Entscheidung getroffen, die dir schwerfiel? Wie hast du sie begründet?

Für welche Entscheidungen in deinem Leben übernimmst du besonders gern Verantwortung?

Gibt es eine Entscheidung, die du bereust?

Welche Bereiche deines Lebens fordern mehr Eigenverantwortung?

4.3.   Ziele setzen und erreichen

Der Weg zu deinem persönlichen Erfolg

Ziele sind wie Wegmarken auf einer Wanderung durch die Berge. Manche sind nah und leicht zu erreichen, andere erfordern mehr Ausdauer und Planung. Doch jede Wegmarke, die du erreichst, bringt dich dem Gipfel näher. Und auch wenn der Weg manchmal steil und anstrengend ist, wirst du oben mit einer klaren Aussicht und dem Stolz auf deine Leistung belohnt.

Ziele zu setzen ist ein wichtiger Bestandteil eines erfüllten Lebens. Sie geben dir Orientierung und Motivation, machen deinen Fortschritt sichtbar und helfen dir, deinen Fokus zu behalten. Doch Ziele allein reichen nicht aus – es geht darum, sie auch zu erreichen.

Ein häufiges Problem beim Setzen von Zielen ist, dass sie entweder zu groß oder zu vage formuliert sind. Wenn du dir zum Beispiel vornimmst, „gesünder zu leben", ist das zwar ein lobenswertes Ziel, aber es fehlt an Klarheit. Was genau bedeutet „gesünder" für dich? Möchtest du mehr Sport treiben, deine Ernährung umstellen oder besser schlafen? Je konkreter dein Ziel, desto einfacher wird es, darauf hinzuarbeiten.

Ebenso wichtig ist es, deine Ziele in kleine, machbare Schritte zu unterteilen. Diese Etappen geben dir das Gefühl von Fortschritt und verhindern, dass du dich überfordert fühlst. Jedes Mal, wenn du eine Etappe erreichst, kannst du dir bewusst machen, dass du deinem großen Ziel ein Stück nähergekommen bist.

Ziele zu erreichen, erfordert oft Durchhaltevermögen, vor allem, wenn der Weg dorthin länger ist. Hier hilft es, regelmäßig innezuhalten und zu reflektieren: *Bin ich noch auf dem richtigen Weg? Was habe ich bisher erreicht? Was könnte ich anpassen, um weiterzukommen?* Indem du deine Ziele stetig überprüfst und anpasst, bleibst du flexibel und motiviert.

Das Erreichen von Zielen stärkt dein Selbstvertrauen, weil es dir zeigt, dass du in der Lage bist, etwas zu planen und umzusetzen. Es gibt dir die Bestätigung, dass dein Handeln einen Unterschied macht – und das ist ein mächtiger Motor für deinen Glauben an dich selbst.

Welche kurzfristigen Ziele möchtest du in den nächsten vier Wochen erreichen?

Denke an ein Ziel, das du in der Vergangenheit erreicht hast. Wie hast du es geschafft?

Erstelle eine Liste mit drei realistischen Zielen für das kommende Jahr.

Wie kannst du dich motivieren, an deinen Zielen dranzubleiben?

4.4. Proaktivität und Initiative entwickeln

Die Kraft, den ersten Schritt zu tun

Proaktivität bedeutet, die Initiative zu ergreifen, anstatt auf äußere Umstände zu warten. Es geht darum, aktiv Einfluss auf dein Leben zu nehmen, statt dich passiv treiben zu lassen. Proaktive Menschen erkennen, dass sie die Macht haben, ihre Situation zu verändern, und nutzen diese Macht, um ihre Ziele zu verfolgen.

Häufig warten wir darauf, dass die „richtigen" Bedingungen eintreten, bevor wir handeln. Doch die Wahrheit ist: Perfekte Umstände gibt es selten. Proaktivität bedeutet, auch in unvollkommenen Situationen den ersten Schritt zu tun. Dieser erste Schritt muss nicht groß sein – oft reicht eine kleine Handlung, um ins Rollen zu kommen.

Ein weiterer Aspekt von Proaktivität ist, Chancen zu erkennen und zu nutzen. Im Alltag bieten sich oft Gelegenheiten, die wir übersehen, weil wir uns zu sehr auf Probleme konzentrieren. Wenn du lernst, deinen Blick für Möglichkeiten zu schärfen, wirst du überrascht sein, wie viele Türen sich öffnen.

Proaktiv zu handeln bedeutet auch, Verantwortung für deine eigenen Bedürfnisse zu übernehmen. Wenn du zum Beispiel merkst, dass dir eine Situation nicht guttut, ist es deine Aufgabe, etwas zu ändern. Das kann bedeuten, ein offenes Gespräch zu führen, neue Wege zu suchen oder auch mal „Nein" zu sagen.

Durch Proaktivität stärkst du dein Selbstvertrauen, weil du erkennst, dass du dein Leben aktiv gestalten kannst. Jede kleine Initiative zeigt dir: *Ich bin handlungsfähig, und ich kann etwas bewirken.* Das gibt dir die innere Sicherheit, auch in Zukunft mutig und entschlossen zu handeln.

In welchem Lebensbereich möchtest du aktiver werden?

Was hindert dich manchmal daran, die Initiative zu ergreifen?

Notiere eine Gelegenheit, bei der du Initiative gezeigt hast. Was hat es dir gebracht?

Welche kleine Handlung könntest du heute unternehmen, um proaktiver zu sein?

5. Umgang mit Kritik und Misserfolgen

Ein entscheidender Schritt zur persönlichen Weiterentwicklung

Der Umgang mit Kritik und Misserfolgen ist ein zentraler Bestandteil der persönlichen Entwicklung und des Aufbaus von Selbstvertrauen. Beide Aspekte konfrontieren uns mit unseren Schwächen und Herausforderungen, was oft unangenehm oder schmerzhaft sein kann. Doch sie bieten auch wertvolle Gelegenheiten, um zu lernen, zu wachsen und unsere innere Stärke zu fördern.

Kritik, insbesondere wenn sie konstruktiv ist, gibt uns die Möglichkeit, uns selbst aus einer neuen Perspektive zu betrachten und unser Verhalten oder unsere Leistungen zu verbessern. Es erfordert Offenheit und Reflexion, Kritik anzunehmen und sinnvoll zu nutzen, ohne das eigene Selbstwertgefühl zu gefährden. Gleichzeitig ist es wichtig, zwischen berechtigter Kritik und persönlichen Angriffen zu unterscheiden, um sich vor unnötiger Belastung zu schützen.

Misserfolge hingegen sind oft unvermeidlich auf dem Weg zu persönlichen oder beruflichen Zielen. Sie sind keine Zeichen von Unfähigkeit, sondern ein natürlicher Bestandteil des Lernprozesses. Der Umgang mit Misserfolgen entscheidet darüber, ob sie uns lähmen oder motivieren. Wer lernt, Fehler als Chancen zu sehen und aus Rückschlägen neue Kraft zu schöpfen, stärkt nicht nur sein Selbstvertrauen, sondern entwickelt auch Resilienz – die Fähigkeit, sich von Herausforderungen zu erholen und gestärkt daraus hervorzugehen.

Dieses Kapitel zeigt, wie du Kritik und Misserfolge als Werkzeuge nutzen kannst, um an dir zu arbeiten und dein Selbstvertrauen nachhaltig zu stärken.

5.1. Konstruktive Kritik annehmen

Chancen im Feedback erkennen

Kritik zu erhalten, kann sich oft unangenehm anfühlen. Sie fordert uns heraus, einen Blick auf unsere Schwächen oder Fehler zu werfen, was schnell dazu führen kann, dass wir uns angegriffen oder entmutigt fühlen. Doch Kritik – insbesondere konstruktive Kritik – ist eine wertvolle Gelegenheit, zu wachsen und zu lernen.

Konstruktive Kritik unterscheidet sich von bloßen Vorwürfen oder abwertenden Kommentaren, da sie dir konkrete Hinweise gibt, wie du dich verbessern kannst. Sie richtet sich nicht gegen deine Person, sondern zielt darauf ab, dein Verhalten oder deine Arbeit zu optimieren. Dies zu erkennen, ist der erste Schritt, um Kritik nicht als Angriff, sondern als Hilfe zu sehen.

Ein gesunder Umgang mit Kritik beginnt damit, zuzuhören, ohne sofort in eine Abwehrhaltung zu verfallen. Oft neigen wir dazu, uns zu rechtfertigen oder innerlich „abzuschalten", sobald wir kritisiert werden. Doch wenn du lernst, Kritik als wertvolles Feedback zu betrachten, kannst du sie nutzen, um dich weiterzuentwickeln.

Es kann auch hilfreich sein, aktiv um Feedback zu bitten. Das zeigt nicht nur deine Bereitschaft, zu lernen, sondern gibt dir auch die Kontrolle über den Prozess. Indem du Kritik annimmst und daraus lernst, stärkst du dein Selbstvertrauen, weil du dir selbst beweist, dass du mit Herausforderungen offen und souverän umgehen kannst.

Wann hast du das letzte Mal konstruktive Kritik erhalten? Wie hast du darauf reagiert?

Wie unterscheidest du zwischen konstruktiver Kritik und unberechtigter Kritik?

Was könntest du tun, um offener für Feedback zu werden?

Schreibe drei Dinge auf, die du aus vergangener Kritik gelernt hast.

5.2. Unterscheidung zwischen berechtigter Kritik und persönlichem Angriff

Die richtige Perspektive finden

Nicht jede Kritik, die an dich herangetragen wird, ist berechtigt. Manche Kommentare sind weniger darauf ausgerichtet, dir zu helfen, und zielen stattdessen darauf ab, dich zu verunsichern oder zu verletzen. Deshalb ist es wichtig, zwischen konstruktiver, berechtigter Kritik und persönlichen Angriffen zu unterscheiden.

Kritik ist wie ein Regen, der deine Haut benetzen kann oder an dir abperlt, je nachdem, wie du dich schützt. Berechtigte Kritik gleicht einem sanften, nährenden Regen, der dir hilft, zu wachsen, sie enthält oft konkrete Beispiele und Vorschläge zur Verbesserung und kommt meist von Personen, die ein ehrliches Interesse daran haben, dich zu unterstützen.

Ein persönlicher Angriff dagegen ist wie ein kalter, unangenehmer Schauer. Er ist oft unspezifisch, emotional geladen und darauf ausgerichtet, dich abzuwerten, ohne dir dabei zu helfen, besser zu werden. Wenn du einen Regenschirm dabeihast – in Form von Selbstbewusstsein und Klarheit über dich selbst – bleibt das Negative an der Oberfläche und erreicht dein Inneres nicht.

Um diese Unterscheidung zu treffen, kannst du dir folgende Fragen stellen: *Wer gibt mir die Kritik? Kommt sie von jemandem, der meine Arbeit oder mein Verhalten objektiv beurteilen kann? Und: Ist die Kritik klar und nachvollziehbar formuliert, oder wirkt sie eher pauschal und verletzend?*

Indem du lernst, berechtigte Kritik von persönlichen Angriffen zu unterscheiden, schützt du dein Selbstwertgefühl vor unbegründeten Angriffen. Gleichzeitig bleibst du offen für Feedback, das dir helfen kann, dich weiterzuentwickeln. Diese Unterscheidung stärkt dein Selbstvertrauen, weil sie dir zeigt, dass du in der Lage bist, Kritik objektiv zu betrachten und nur das anzunehmen, was wirklich hilfreich ist.

Wie fühlst du dich, wenn du kritisiert wirst? Woran erkennst du, ob die Kritik berechtigt ist?

Denke an eine Kritik, die dich verletzt hat. War sie objektiv oder subjektiv?

Wie könntest du in Zukunft gelassener mit persönlichen Angriffen umgehen?

Gibt es jemanden, dessen Kritik du besonders ernst nimmst? Warum?

5.3.   Fehler als Lernmöglichkeiten sehen

Der Weg zu persönlichem Wachstum

Fehler gehören zum Leben. Jeder macht sie, und doch fällt es vielen Menschen schwer, sie zu akzeptieren. Oft verbinden wir Fehler mit persönlichem Versagen oder fühlen uns durch sie bloßgestellt. Doch in Wahrheit sind Fehler wertvolle Lehrmeister, die uns zeigen, wo wir uns verbessern und weiterentwickeln können.

Sie sind wie Steine in einem Flusslauf. Sie könnten den Fluss blockieren und das Wasser aufhalten. Doch anstatt sich stauen zu lassen, fließt das Wasser um die Steine herum und findet neue Wege. Jeder Fehler hilft dir, deinen Kurs anzupassen und neue Möglichkeiten zu entdecken, ohne den Fluss deiner Entwicklung aufzuhalten.

Ein Fehler ist kein Beweis dafür, dass du nicht gut genug bist, sondern eine Möglichkeit, zu lernen. Denke daran, wie oft du etwas Neues gelernt hast, indem du es erst falsch gemacht hast. Ob es das Erlernen einer neuen Fähigkeit, das Meistern einer Herausforderung oder das Lösen eines Problems ist – Fehler sind oft unvermeidlich und ein natürlicher Teil des Prozesses.

Um Fehler als Lernmöglichkeiten zu sehen, ist es wichtig, dich selbst nicht dafür zu verurteilen. Frage dich stattdessen: *Was kann ich aus dieser Erfahrung mitnehmen? Was würde ich beim nächsten Mal anders machen?* Indem du deine Fehler analysierst, statt sie zu verdrängen, gewinnst du wertvolle Erkenntnisse, die dich voranbringen.

Je öfter du dich bewusst mit deinen Fehlern auseinandersetzt und aus ihnen lernst, desto mehr wächst dein Vertrauen in dich selbst. Du erkennst, dass ein Fehler kein Endpunkt ist, sondern ein Schritt auf dem Weg zu deinem Ziel.

Beschreibe einen Fehler, aus dem du etwas Wichtiges gelernt hast.

Welche Gedanken gehen dir durch den Kopf, wenn du einen Fehler machst?

Wie könntest du deine Einstellung zu Fehlern verändern?

Wie könntest du deine Einstellung zu Fehlern verändern?

Erstelle eine Liste mit drei „Fehlern", die dich in irgendeiner Weise weitergebracht haben.

5.4.   Resilienz bei Rückschlägen

Stark bleiben, wenn es schwierig wird

Rückschläge sind ein unvermeidlicher Teil des Lebens. Ob ein gescheitertes Projekt, eine unerwartete Niederlage oder ein persönlicher Verlust – solche Momente können uns aus der Bahn werfen und an unserem Selbstvertrauen nagen. Doch die Art und Weise, wie du mit Rückschlägen umgehst, bestimmt maßgeblich, wie stark du aus ihnen hervorgehst. Wie ein Bambus, der sich im Wind biegt, aber nicht bricht. Selbst wenn dich Rückschläge kurzzeitig aus der Bahn werfen, kannst du dich wieder aufrichten. Mit jedem Sturm, den du überstehst, wirst du flexibler und widerstandsfähiger gegenüber zukünftigen Herausforderungen.

Resilienz bedeutet, in schwierigen Situationen nicht den Mut zu verlieren, sondern Wege zu finden, trotz der Herausforderungen weiterzumachen. Es geht darum, dich nicht von Rückschlägen definieren zu lassen, sondern sie als temporäre Hindernisse zu betrachten. Eine entscheidende Frage, die du dir stellen kannst, ist: *Was liegt in meiner Macht, um die Situation zu verbessern oder mich neu zu orientieren?*

Ein wichtiger Schritt zur Stärkung deiner Resilienz ist es, Unterstützung anzunehmen. Rückschläge fühlen sich oft isolierend an, doch du musst sie nicht allein bewältigen. Sprich mit Freunden, Familie oder Mentoren über deine Erfahrungen – oft hilft es, eine neue Perspektive zu gewinnen.

Genauso wichtig ist es, dir selbst Zeit zu geben, um die Situation zu verarbeiten. Resilienz bedeutet nicht, sofort wieder voll leistungsfähig zu sein, sondern dir den Raum zu nehmen, um neue Kraft zu schöpfen. Mit jedem Rückschlag, den du überwindest, wächst dein Selbstvertrauen, weil du erkennst, dass du die Fähigkeit hast, auch in schwierigen Zeiten auf dich selbst zu vertrauen.

Denke an eine schwierige Phase in deinem Leben. Wie hast du dich davon erholt?

Welche Strategien kannst du nutzen, um nach einem Misserfolg
wieder aufzustehen?

Was hat dir geholfen, in schwierigen Zeiten positiv zu bleiben?

Schreibe über eine Erfahrung, bei der du trotz einer negativen Erfahrung weitergemacht hast.

6. Soziale Kompetenzen und Beziehungsfähigkeit:

Der Schlüssel zu starken Verbindungen

Soziale Kompetenzen und Beziehungsfähigkeit sind essenziell für ein erfülltes Leben. Sie ermöglichen es uns, mit anderen Menschen in Kontakt zu treten, unterstützende Netzwerke aufzubauen und langfristige Beziehungen zu pflegen. Diese Fähigkeiten umfassen sowohl den Aufbau neuer Verbindungen als auch die Pflege bestehender Beziehungen, das Setzen von Grenzen und den Umgang mit Konflikten.

Ein wesentlicher Bestandteil sozialer Kompetenz ist die Fähigkeit, effektiv zu kommunizieren. Dies beinhaltet, die eigenen Gedanken und Gefühle klar auszudrücken und gleichzeitig die Perspektive des Gegenübers zu verstehen. Einfühlungsvermögen und aktives Zuhören helfen dabei, eine tiefere Verbindung zu anderen aufzubauen und Missverständnisse zu vermeiden.

Auch das Setzen von Grenzen ist wichtig, um gesunde und respektvolle Beziehungen zu führen. Es ermöglicht dir, deine eigenen Bedürfnisse zu schützen und gleichzeitig die Bedürfnisse anderer zu respektieren. Der Umgang mit Konflikten ist ein weiterer entscheidender Aspekt. Konflikte lassen sich nicht immer vermeiden, doch sie bieten die Chance, Beziehungen zu klären und zu stärken, wenn sie konstruktiv gelöst werden.

Dieses Kapitel zeigt, wie du deine sozialen Kompetenzen weiterentwickeln und gezielt einsetzen kannst, um authentische und unterstützende Beziehungen zu gestalten. Diese Fähigkeiten tragen nicht nur zu deinem persönlichen Wohlbefinden bei, sondern stärken auch dein Selbstvertrauen, indem sie dir helfen, dich sicher und kompetent in sozialen Situationen zu bewegen.

6.1. Aufbau und Pflege von Beziehungen

Die Kunst des Miteinanders

Zwischenmenschliche Beziehungen sind ein zentraler Bestandteil unseres Lebens. Sie geben uns Halt, Freude und Unterstützung. Doch Beziehungen, egal ob zu Freunden, Familie oder Kollegen, erfordern Pflege und Aufmerksamkeit, um langfristig zu bestehen und zu wachsen.

Der Aufbau und die Pflege von Beziehungen beginnen mit der Bereitschaft, sich auf andere einzulassen. Das bedeutet, Interesse an ihrem Leben zu zeigen, ihnen zuzuhören und Empathie zu entwickeln. Eine starke Beziehung entsteht nicht über Nacht, sondern wächst durch gemeinsame Erlebnisse und den offenen Austausch von Gedanken und Gefühlen.

Ein wichtiger Aspekt ist das Geben und Nehmen. Beziehungen funktionieren am besten, wenn beide Seiten sich gegenseitig unterstützen und bereichern. Dabei geht es nicht um einen ständigen Austausch von Gefälligkeiten, sondern um die Balance, die entsteht, wenn sich beide Partner auf Augenhöhe begegnen.

Darüber hinaus spielt die Kommunikation eine entscheidende Rolle. Klare, respektvolle und ehrliche Gespräche helfen, Missverständnisse zu vermeiden und Vertrauen aufzubauen. Auch in schwierigen Momenten, wenn Konflikte oder Meinungsverschiedenheiten auftreten, ist eine offene Kommunikation der Schlüssel, um Lösungen zu finden und die Beziehung zu stärken.

Das bewusste Pflegen von Beziehungen trägt wesentlich zu deinem Wohlbefinden und Selbstvertrauen bei. Du lernst, dich in einem sozialen Gefüge zu bewegen, Unterstützung zu geben und zu empfangen – ein essenzieller Faktor für ein erfülltes Leben.

Welche Beziehungen in deinem Leben sind dir am wichtigsten? Warum?

Was tust du aktiv, um deine Beziehungen zu pflegen?

Gibt es jemanden, mit dem du gern wieder in Kontakt treten würdest? Welche ersten Schritte kannst du dir vorstellen?

Schreibe einen Brief an eine Person, die dir wichtig ist, und drücke deine Wertschätzung aus.

6.2.   Grenzen setzen und „Nein" sagen

Selbstschutz in Beziehungen

Das Setzen von Grenzen ist wie das Errichten eines Zauns um dein Haus. Dieser Zaun schützt deinen Raum und definiert, was für dich akzeptabel ist. Du entscheidest, wann das Tor geöffnet wird und wen du hereinlässt. Ein klarer Zaun schafft Respekt und macht es anderen leichter, deine persönlichen Grenzen zu erkennen und zu respektieren.

Grenzen zu setzen ist ein wichtiger Bestandteil gesunder Beziehungen. Sie helfen dir, dich selbst zu schützen und deine Bedürfnisse klar zu kommunizieren. Viele Menschen haben jedoch Schwierigkeiten, „Nein" zu sagen, aus Angst, andere zu enttäuschen oder Konflikte zu verursachen. Doch das Ignorieren eigener Grenzen kann langfristig zu Unzufriedenheit und sogar zu Überlastung führen.

Grenzen setzen bedeutet nicht, andere abzulehnen, sondern dir selbst und deinem Wohlbefinden Priorität zu geben. Es ist ein Zeichen von Selbstachtung, wenn du klar kommunizierst, was du möchtest und was nicht. Dabei geht es nicht nur darum, was du bereit bist zu geben, sondern auch darum, wie du behandelt werden möchtest.

Der erste Schritt besteht darin, deine eigenen Grenzen zu erkennen. Welche Situationen oder Verhaltensweisen bringen dich an deine Belastungsgrenze? Sobald du dir darüber im Klaren bist, kannst du diese Grenzen klar und respektvoll kommunizieren. Wichtig ist, dass du dabei ruhig und bestimmt bleibst, ohne dich zu rechtfertigen oder zu entschuldigen.

Das Lernen, „Nein" zu sagen, stärkt dein Selbstvertrauen, weil du dir selbst signalisierst, dass deine Bedürfnisse und Grenzen genauso wichtig sind wie die der anderen. Es ermöglicht dir, authentische und respektvolle Beziehungen aufzubauen, in denen du dich wohlfühlst.

Wann hast du zuletzt „Ja" gesagt, obwohl du „Nein" sagen
wolltest? Warum?

Welche Ängste oder Sorgen hindern dich daran, deine Grenzen klar zu kommunizieren?

Beschreibe eine Situation, in der du erfolgreich deine Grenzen gesetzt hast.

Übe in Gedanken, wie du in einer bestimmten Situation freundlich, aber bestimmt „Nein" sagen könntest.

6.3.   Empathie und aktives Zuhören

Die Grundlage für echtes Verständnis

Empathie ist wie das Anpassen deines Radios auf die Frequenz eines anderen. Wenn du genau hinhörst und dich auf die richtige Wellenlänge einstellst, kannst du die Botschaft klar empfangen. Empathie bedeutet, die Perspektive des anderen zu verstehen, auch wenn du selbst vielleicht anders fühlst oder denkst.

Eine empathische Grundhaltung ist entscheidend, um tiefe und bedeutungsvolle Beziehungen aufzubauen. Es bedeutet, die Gefühle und Perspektiven anderer Menschen nachzuvollziehen, ohne sie zu bewerten oder zu verändern. Es geht darum, sich in die Lage des anderen hineinzuversetzen und zu verstehen, was ihn bewegt.

Aktives Zuhören ist mehr als nur das Hören der Worte. Es bedeutet, dem Gesprächspartner volle Aufmerksamkeit zu schenken, seine Worte und nonverbalen Signale wahrzunehmen und ihm das Gefühl zu geben, dass er gehört und verstanden wird. Oft reicht es, einfach präsent zu sein und mit Interesse zuzuhören, um eine Verbindung zu schaffen.

Empathie und aktives Zuhören helfen nicht nur, Beziehungen zu vertiefen, sondern auch, Konflikte zu entschärfen. Wenn Menschen das Gefühl haben, dass ihre Emotionen und Meinungen respektiert werden, sind sie eher bereit, offen zu kommunizieren und gemeinsam nach Lösungen zu suchen.

Diese Fähigkeiten fördern nicht nur ein harmonisches Miteinander, sondern stärken auch dein Selbstvertrauen. Du merkst, dass du in der Lage bist, eine positive Wirkung auf andere zu haben und deine sozialen Interaktionen konstruktiv zu gestalten.

Wann hast du zuletzt das Gefühl gehabt, wirklich gut zuzuhören?

Wie zeigst du anderen, dass du ihre Gefühle verstehst?

Schreibe über eine Situation, in der dir jemand mit Empathie begegnet ist. Wie hat es dir geholfen?

Welche Möglichkeiten gibt es, deine Fähigkeit zum aktiven Zuhören zu verbessern?

6.4. Konfliktmanagement und Kommunikation

Herausforderungen gemeinsam meistern

Konflikte sind ein natürlicher Bestandteil von Beziehungen. Wo Menschen aufeinandertreffen, können unterschiedliche Meinungen, Werte oder Bedürfnisse aufeinanderprallen.

Konfliktmanagement ist wie das Lösen eines verknoteten Seils. Wenn sich die Knoten erst einmal gebildet haben, scheint es schwierig, sie zu lösen. Doch mit Geduld und klarem Vorgehen kannst du die Knoten nach und nach entwirren, bis das Seil wieder frei ist. So hilft dir ein konstruktiver Umgang mit Konflikten und gute Kommunikation, Missverständnisse zu klären und Beziehungen langfristig zu stärken.

Ein guter Umgang mit Konflikten beginnt mit einer offenen und respektvollen Kommunikation. Es ist wichtig, die eigenen Gefühle und Bedürfnisse klar zu formulieren, ohne den anderen anzugreifen oder zu beschuldigen. Gleichzeitig solltest du bereit sein, die Perspektive des anderen zu hören und zu verstehen.

Ein weiterer wichtiger Aspekt ist die Bereitschaft, Kompromisse einzugehen. In den meisten Konflikten gibt es keinen „Gewinner" oder „Verlierer". Ziel ist es, eine Lösung zu finden, die für beide Seiten akzeptabel ist. Das erfordert Flexibilität und den Willen, gemeinsam an einer Lösung zu arbeiten.

Konfliktmanagement bedeutet auch, Verantwortung für den eigenen Anteil am Konflikt zu übernehmen. Es geht darum, konstruktiv und lösungsorientiert zu bleiben, auch wenn die Emotionen hochkochen. Je besser du lernst, Konflikte zu lösen, desto sicherer wirst du dich in sozialen Situationen fühlen.

Diese Fähigkeiten stärken nicht nur deine Beziehungen, sondern auch dein Selbstvertrauen. Du entwickelst die Sicherheit, dass du mit zwischenmenschlichen Herausforderungen umgehen kannst – eine essenzielle Kompetenz für ein erfülltes Leben.

Denke an einen Konflikt, den du in letzter Zeit hattest. Wie hast du ihn gelöst?

Welche Kommunikationsmuster helfen dir, Konflikte zu deeskalieren?

Was fällt dir schwer, wenn du in Konfliktsituationen bist?

Wie könntest du in Zukunft besser auf Konflikte reagieren?

7. Umgang mit Vergangenheit, Gegenwart und Zukunft

Die Balance finden

Der Umgang mit deiner Vergangenheit, Gegenwart und Zukunft ist entscheidend für dein emotionales Wohlbefinden und deine persönliche Entwicklung. Jede dieser Zeitebenen spielt eine wichtige Rolle in deinem Leben und beeinflusst, wie du dich selbst wahrnimmst und welche Entscheidungen du triffst.

Die Vergangenheit prägt dich durch deine Erfahrungen, Erfolge und Fehler. Sie kann dir wertvolle Lektionen bieten, aber auch Belastungen mit sich bringen, die dein Selbstvertrauen beeinträchtigen. Ein bewusster Umgang mit der Vergangenheit hilft dir, aus ihr zu lernen und alte Wunden zu heilen, anstatt dich von ihr definieren zu lassen.

Die Gegenwart ist der einzige Moment, in dem du wirklich leben und handeln kannst. Ein klarer Fokus auf das Hier und Jetzt ermöglicht es dir, bewusste Entscheidungen zu treffen und deine Energie auf das zu richten, was in diesem Moment zählt. Das stärkt dein Selbstvertrauen, weil es dir zeigt, dass du in der Lage bist, mit den aktuellen Herausforderungen umzugehen.

Die Zukunft bietet dir die Möglichkeit, deine Ziele und Visionen zu verfolgen. Durch eine bewusste Planung und realistische Zielsetzung kannst du deine Lebensrichtung aktiv gestalten. Das gibt dir nicht nur Orientierung, sondern auch die Sicherheit, dass du dein Leben nach deinen Wünschen formen kannst.

Dieses Kapitel zeigt dir, wie du eine gesunde Balance zwischen Vergangenheit, Gegenwart und Zukunft findest, um dein Selbstvertrauen nachhaltig zu stärken und dein Leben bewusst zu gestalten.

7.1.   Aufarbeitung der Vergangenheit

Loslassen, was dich zurückhält

Unsere Vergangenheit formt, wer wir sind. Sie ist voller Erfahrungen, die uns geprägt haben – manche davon positiv, andere vielleicht schmerzhaft oder belastend. Sie gleicht einem alten Dachboden voller Kisten. Manche Kisten enthalten wertvolle Erinnerungen, andere bergen Dinge, die du lieber vergessen würdest. Indem du den Dachboden aufräumst, sortierst und entscheidest, was du behalten und was du loslassen möchtest, schaffst du Platz für Neues. So kannst du deine Vergangenheit in einen geordneten, friedlichen Raum verwandeln.

Oft tragen wir ungelöste Themen aus der Vergangenheit mit uns, die unser Selbstvertrauen und unsere Lebensfreude beeinträchtigen können. Der bewusste Umgang mit diesen Erlebnissen ist daher ein wichtiger Schritt, um inneren Frieden zu finden und dich weiterzuentwickeln.

Die Aufarbeitung der Vergangenheit bedeutet nicht, alles vergessen oder verdrängen zu müssen. Vielmehr geht es darum, Ereignisse und Emotionen anzuerkennen, sie zu reflektieren und einen Weg zu finden, mit ihnen umzugehen. Dabei kannst du dich fragen: *Welche Erfahrungen belasten mich noch heute? Warum halte ich daran fest, und was würde es mir bringen, sie loszulassen?*

Ein hilfreicher Ansatz ist, aus der Perspektive des heutigen Selbst auf vergangene Situationen zu blicken. Was würdest du deinem jüngeren Ich in diesen Momenten sagen? Oft erkennen wir im Rückblick, dass wir damals unser Bestes gegeben haben – auch wenn die Umstände schwierig waren.

Durch die bewusste Auseinandersetzung mit deiner Vergangenheit kannst du alte Muster erkennen und durchbrechen. Das stärkt dein Selbstvertrauen, weil du lernst, dich selbst zu akzeptieren und deinen Weg aktiv zu gestalten, unabhängig davon, was in der Vergangenheit geschehen ist.

Welche Ereignisse aus deiner Vergangenheit prägen dich noch heute?

Gibt es etwas, das du in deiner Vergangenheit bereust? Wie könntest du Frieden damit schließen?

Schreibe über eine positive Erinnerung, die dir Mut macht.

Was würdest du deinem jüngeren Ich raten?

7.2.   Fokus auf das Hier und Jetzt

Die Kraft der Gegenwart

Das Hier und Jetzt ist wie das Navigieren in dichtem Nebel. Du kannst nicht weit vorausblicken und die Vergangenheit liegt hinter dir. Aber wenn du dich auf den nächsten Schritt konzentrierst, wirst du sicher deinen Weg finden. Jeder Moment, in dem du dich voll und ganz auf das Jetzt einlässt, bringt dir Klarheit und Ruhe.

Es ist der einzige Moment, in dem du wirklich leben kannst. Doch viele Menschen verbringen ihre Zeit damit, entweder in der Vergangenheit zu verweilen oder sich über die Zukunft zu sorgen. Dadurch verlieren sie den Kontakt zur Gegenwart und verpassen die Gelegenheiten, die sie bietet.

Der Fokus auf die Gegenwart bedeutet, bewusst wahrzunehmen, was gerade in diesem Moment passiert – in dir und um dich herum. Es geht darum, deine Gedanken, Gefühle und Sinne zu beobachten, ohne sie zu bewerten oder verändern zu wollen. Diese Achtsamkeit hilft dir, einen klaren Kopf zu bewahren und dich auf das Wesentliche zu konzentrieren.

Ein praktischer Einstieg ist, dir im Alltag regelmäßig kleine Momente der Achtsamkeit zu gönnen. Frage dich: *Was nehme ich gerade wahr? Was fühle ich?* Diese kurzen Pausen helfen dir, aus dem Autopilot-Modus auszusteigen und bewusster zu leben.

Indem du dich auf die Gegenwart konzentrierst, stärkst du dein Selbstvertrauen. Du lernst, mit dem umzugehen, was gerade ist, anstatt dich von vergangenen Fehlern oder zukünftigen Unsicherheiten beeinflussen zu lassen. Das gibt dir die Sicherheit, dass du in jedem Moment handlungsfähig bist.

Wie präsent fühlst du dich im Alltag? Was lenkt dich oft ab?

Welche Momente in deinem heutigen Tag haben dir Freude bereitet?

Schreibe eine Liste mit Dingen, für die du jetzt gerade dankbar bist.

Wie könntest du deine Achtsamkeit im Alltag steigern?

7.3. Zukunftsplanung und Visionen entwickeln

Ziele, die dich leiten

Die Zukunft ist wie eine leere Leinwand, und du hältst den Pinsel in der Hand. Du entscheidest, welche Farben und Formen dein Bild erhält. Mit jeder Vision und jedem Ziel malst du einen Teil des Gemäldes, das dein zukünftiges Leben darstellt. Es liegt an dir, die Leinwand nach deinen Wünschen zu gestalten.

Die Zukunft bietet unendliche Möglichkeiten, doch sie kann auch Unsicherheit und Angst auslösen. Viele Menschen fühlen sich überwältigt von der Vorstellung, langfristige Entscheidungen treffen oder große Ziele erreichen zu müssen. Doch Zukunftsplanung ist weniger eine Frage perfekter Vorhersagen als vielmehr der bewussten Gestaltung deines Lebensweges.

Ein klarer Blick in die Zukunft beginnt mit der Frage: *Was möchte ich wirklich erreichen?* Deine Visionen und Ziele sollten nicht nur von äußeren Erwartungen geprägt sein, sondern aus deinen inneren Werten und Bedürfnissen entstehen. Was bedeutet für dich ein erfülltes Leben, und welche Schritte kannst du unternehmen, um diesem Bild näherzukommen?

Dabei ist es hilfreich, große Ziele in kleinere Etappen zu unterteilen. Diese Etappen machen den Weg überschaubar und ermöglichen dir, deinen Fortschritt zu messen. Gleichzeitig geben sie dir die Flexibilität, deine Pläne anzupassen, wenn sich deine Prioritäten ändern.

Zukunftsplanung stärkt dein Selbstvertrauen, weil sie dir zeigt, dass du die Kontrolle über dein Leben hast. Indem du bewusst entscheidest, wohin du möchtest, und Schritte in diese Richtung unternimmst, gewinnst du die innere Sicherheit, dass du dein Leben aktiv gestalten kannst.

Wo siehst du dich in fünf Jahren?

Welche kleinen Schritte kannst du heute unternehmen, um deinen Zukunftsvisionen näher zu kommen?

Welche Rolle spielen deine Werte in deiner Zukunftsplanung?

Welche Rolle spielen deine Werte in deiner Zukunftsplanung?

Wie stellst du dir dein ideales Leben vor?

7.4. Abschließen mit belastenden Ereignissen

Frieden finden

Belastende Ereignisse hinterlassen oft tiefe Spuren. Sie können dich in deiner persönlichen Entwicklung blockieren und dein Selbstvertrauen schwächen. Sie sind wie Sandsäcke an einem Heißluftballon. Solange du sie mit dir herumträgst, bleibt der Ballon am Boden. Doch je mehr Sandsäcke du loslässt, desto höher kannst du aufsteigen. Das Abschließen mit der Vergangenheit gibt dir die Leichtigkeit, neue Höhen zu erreichen und dein Leben aus einer klareren, freieren Perspektive zu betrachten. Abschließen bedeutet nicht, das Erlebte zu verdrängen oder ungeschehen zu machen, sondern einen Weg zu finden, mit dem Schmerz zu leben, ohne dass er dich weiterhin bestimmt.

Der erste Schritt ist, das Ereignis anzuerkennen und die damit verbundenen Gefühle zuzulassen. Oft hilft es, darüber zu schreiben oder mit einer vertrauten Person zu sprechen. Dieser Prozess ermöglicht es dir, deine Emotionen zu verarbeiten und die Kontrolle über sie zurückzugewinnen.

Ein weiterer wichtiger Aspekt ist Vergebung – nicht nur anderen gegenüber, sondern auch dir selbst. Vergebung bedeutet nicht, das Verhalten anderer zu entschuldigen, sondern dich von der Last des Grolls zu befreien. Es ist ein Akt der Selbstfürsorge, der dir erlaubt, nach vorne zu schauen.

Abschließen stärkt dein Selbstvertrauen, weil es dir die Freiheit gibt, dich auf das Hier und Jetzt zu konzentrieren und dein Leben nach deinen Vorstellungen zu gestalten. Du erkennst, dass du die Macht hast, alte Wunden zu heilen und Platz für Neues zu schaffen.

Gibt es etwas, das du noch loslassen möchtest? Was hindert dich daran?

Schreibe einen Abschiedsbrief an ein belastendes Ereignis oder eine schwierige Phase.

Was könntest du tun, um dir selbst zu vergeben?

Welche Rituale könnten dir helfen, mit der Vergangenheit abzuschließen?

8. Körperliche und mentale Gesundheit

Die Grundlage für ein starkes Selbst

Körperliche und mentale Gesundheit sind eng miteinander verbunden und bilden die Grundlage für dein Wohlbefinden und Selbstvertrauen. Wenn du dich körperlich fit und mental ausgeglichen fühlst, bist du besser in der Lage, den Herausforderungen des Alltags zu begegnen und deine Ziele zu verfolgen. Gleichzeitig können gesundheitliche Probleme – sei es physischer oder psychischer Natur – dein Selbstbewusstsein beeinträchtigen und dazu führen, dass du dich überfordert oder unsicher fühlst.

Die Pflege deiner Gesundheit erfordert eine bewusste Auseinandersetzung mit deinen Bedürfnissen. Ausreichender Schlaf, eine ausgewogene Ernährung und regelmäßige Bewegung sind entscheidende Faktoren, die deine körperliche Stärke und Ausdauer fördern. Sie geben dir Energie und helfen dir, dich in deinem Körper wohlzufühlen.

Auch deine mentale Gesundheit verdient Aufmerksamkeit. Stress, emotionale Belastungen oder anhaltende negative Gedanken können deine Lebensqualität erheblich mindern. Achtsamkeit, Selbstfürsorge und der rechtzeitige Umgang mit Warnsignalen sind wesentliche Strategien, um psychische Belastungen zu reduzieren und ein Burnout zu verhindern.

Dieses Kapitel zeigt dir, wie du aktiv an deiner körperlichen und mentalen Gesundheit arbeiten kannst, um dich insgesamt stärker und widerstandsfähiger zu fühlen. Denn ein gesunder Körper und ein klarer Geist sind entscheidend, um dein Selbstvertrauen nachhaltig aufzubauen und zu erhalten.

8.1. Achtsamkeit und Selbstfürsorge

Auf deinen Körper und Geist hören

In einer Welt, die oft von Hektik und Leistungsdruck geprägt ist, bleibt die Selbstfürsorge häufig auf der Strecke. Viele Menschen nehmen sich kaum Zeit, auf ihre eigenen Bedürfnisse zu achten, bis sie sich erschöpft und überfordert fühlen. Doch Achtsamkeit und Selbstfürsorge sind entscheidend, um deine körperliche und mentale Gesundheit zu bewahren und zu stärken.

Achtsamkeit bedeutet, bewusst wahrzunehmen, was in dir und um dich herum geschieht, ohne zu urteilen. Es geht darum, im Moment präsent zu sein und Signale deines Körpers und Geistes wahrzunehmen. Vielleicht bemerkst du, dass du müde bist, dir eine Pause wünschst oder dich emotional belastet fühlst. Diese Wahrnehmung ist der erste Schritt, um gezielt etwas für dein Wohlbefinden zu tun.

Selbstfürsorge bedeutet, dir bewusst Zeit und Raum zu nehmen, um deine Bedürfnisse zu erfüllen. Das kann ganz unterschiedlich aussehen: von ausreichend Schlaf, gesunder Ernährung und Bewegung bis hin zu Momenten der Entspannung oder Zeit für Hobbys. Es geht nicht darum, perfekt zu sein, sondern eine Balance zu finden, die dich unterstützt.

Indem du regelmäßig auf dich achtest, stärkst du nicht nur deine Gesundheit, sondern auch dein Selbstvertrauen. Du erkennst, dass du dir selbst wichtig bist und es verdient hast, gut für dich zu sorgen. Das gibt dir die Kraft, auch in stressigen Zeiten gelassen zu bleiben.

Wie oft nimmst du dir bewusst Zeit für dich selbst? Was tust du dann?

Welche Signale gibt dir dein Körper, wenn du überlastet bist?

Schreibe eine Liste mit Dingen, die dir guttun und die du häufiger tun möchtest.

Was könntest du heute tun, um gut für dich selbst zu sorgen?

8.2.   Stressbewältigung und Entspannungstechniken

Den Druck loslassen

Stress ist ein alltäglicher Begleiter, der kurzfristig sogar hilfreich sein kann, um in herausfordernden Situationen leistungsfähig zu bleiben. Doch chronischer Stress hat negative Auswirkungen auf deine körperliche und mentale Gesundheit. Er kann dich auslaugen, dein Immunsystem schwächen und dein Selbstvertrauen untergraben.

Stress ist wie ein gespanntes Gummiband. Je mehr du daran ziehst, desto größer wird die Spannung, bis es schließlich reißt. Die gute Nachricht ist, dass es zahlreiche Techniken gibt, um Stress abzubauen, Entspannung zu fördern und das Gummiband Stück für Stück zu lockern, bevor es zu viel wird. Atemübungen sind eine einfache, aber effektive Methode, um deinen Körper und Geist zu beruhigen. Durch tiefes, bewusstes Atmen signalisierst du deinem Nervensystem, dass keine akute Gefahr besteht, und reduzierst die Stressreaktion. So findest du wieder in deinen natürlichen Zustand der Ruhe und Gelassenheit zurück.

Auch Bewegung, wie ein Spaziergang, Yoga oder leichtes Stretching, hilft, Spannungen abzubauen und den Kopf freizubekommen. Ebenso können kreative Aktivitäten wie Malen, Schreiben oder Musizieren dir dabei helfen, dich zu entspannen und gleichzeitig einen Ausdruck für deine Gedanken und Gefühle zu finden.

Das regelmäßige Einbauen solcher Techniken in deinen Alltag unterstützt nicht nur deine Gesundheit, sondern stärkt auch dein Selbstvertrauen. Du lernst, mit Stresssituationen besser umzugehen und dir selbst die Ruhe zu geben, die du brauchst, um in Balance zu bleiben.

Was sind deine häufigsten Stressauslöser? Wie könntest du besser mit ihnen umgehen?

Welche Entspannungstechniken hast du ausprobiert? Welche davon funktionieren am besten?

Denke an eine Situation, in der du dich trotz Stress ruhig fühlen konntest. Was hat dir geholfen?

Entwickle eine „Notfallstrategie" für stressige Momente und notiere die Schritte.

8.3.   Bedeutung von Schlaf, Ernährung und Bewegung

Die Basis deines Wohlbefindens

Deine körperliche Gesundheit hat einen direkten Einfluss auf deine mentale Verfassung und dein Selbstvertrauen. Schlaf, Ernährung und Bewegung bilden die Grundpfeiler deines Wohlbefindens. Sie wirken sich auf deine Energie, deine Stimmung und deine Fähigkeit aus, Herausforderungen zu meistern.

Ausreichender Schlaf ist essenziell, um deinen Körper und Geist zu regenerieren. Während du schläfst, verarbeiten dein Gehirn und dein Körper die Eindrücke des Tages und bereiten sich auf neue Aufgaben vor. Schlafmangel hingegen führt zu Konzentrationsschwierigkeiten, Reizbarkeit und einem geschwächten Immunsystem. Plane feste Schlafzeiten ein und schaffe eine entspannte Abendroutine, um besser zur Ruhe zu kommen.

Eine ausgewogene Ernährung versorgt deinen Körper mit den Nährstoffen, die er braucht, um optimal zu funktionieren. Sie beeinflusst nicht nur deine körperliche Gesundheit, sondern auch deine Stimmung und mentale Leistungsfähigkeit. Achte darauf, regelmäßig und abwechslungsreich zu essen, um Energie für den Tag zu haben.

Bewegung ist ein weiterer wichtiger Faktor. Sie stärkt nicht nur deinen Körper, sondern auch dein Selbstbewusstsein. Durch regelmäßige körperliche Aktivität baust du Stress ab, förderst deine Ausdauer und fühlst dich insgesamt wohler in deinem Körper.

Indem du diese drei Bereiche in deinen Alltag integrierst, legst du die Grundlage für ein gesundes und starkes Selbst. Du zeigst dir selbst, dass du in der Lage bist, Verantwortung für dein Wohlbefinden zu übernehmen – ein wichtiger Schritt zu mehr Selbstvertrauen.

Wie würdest du deinen aktuellen Schlafrhythmus beschreiben?
Was könntest du verbessern?

Welche Rolle spielt Ernährung in deinem Wohlbefinden? Gibt es etwas, das du ändern möchtest?

Wie oft bewegst du dich aktiv? Welche Art von Bewegung macht dir Spaß?

Erstelle eine kleine Wochenplanung, die Schlaf, gesunde Ernährung und Bewegung integriert.

8.4.   Mentale Gesundheit und Burnout-Prävention

Frühzeitig handeln

Mentale Gesundheit ist genauso wichtig wie körperliche Gesundheit, wird jedoch oft vernachlässigt. Psychische Belastungen wie Stress, Ängste oder depressive Verstimmungen können dein Wohlbefinden und deine Leistungsfähigkeit erheblich beeinträchtigen. Wenn diese Zustände über längere Zeit anhalten, kann das Risiko für Burnout steigen – einen Zustand tiefer Erschöpfung, bei dem du dich körperlich und emotional ausgebrannt fühlst.

Deine mentale Gesundheit ist wie das Warten an einer roten Ampel. Manchmal signalisiert dir die Ampel, dass du anhalten und einen Moment Pause machen musst, bevor du weiterfährst. Ignorierst du das Signal und rast weiter, riskierst du einen Unfall. Der erste Schritt zur Förderung deiner mentalen Gesundheit ist, die roten Ampeln in deinem Leben ernst zu nehmen, Warnsignale zu achten und rechtzeitig Pausen einzulegen.

Fühlst du dich häufig erschöpft, gereizt oder emotional belastet? Hast du das Gefühl, dass dir die Freude an Dingen fehlt, die dir früher wichtig waren? Diese Zeichen ernst zu nehmen, ist entscheidend, um rechtzeitig gegenzusteuern.

Präventiv kannst du durch regelmäßige Selbstfürsorge, Achtsamkeitsübungen und den Aufbau eines unterstützenden sozialen Netzwerks viel bewirken. Ebenso ist es wichtig, realistische Erwartungen an dich selbst zu haben und dir Pausen zu gönnen. Wenn du merkst, dass dir die Belastung über den Kopf wächst, zögere nicht, professionelle Unterstützung in Anspruch zu nehmen. Innerhalb eines therapeutischen Settings können Strategien entwickelt werden, um deine mentale Gesundheit zu stärken.

Mentale Gesundheit ist kein statischer Zustand, sondern ein Bereich, den du aktiv pflegen kannst. Indem du frühzeitig auf dich achtest und gezielt Burnout-Prävention betreibst, stärkst du dein Selbstvertrauen und dein Gefühl, die Herausforderungen des Lebens bewältigen zu können.

Welche Warnsignale bemerken andere Menschen an dir, wenn du dich überlastet fühlst?

Was gibt dir in schwierigen Zeiten mentalen Halt?

Welche Strategien könntest du nutzen, um Burnout vorzubeugen?

Schreibe über eine Situation, in der du dich emotional ausgebrannt gefühlt hast. Was hast du daraus gelernt?

9. Werte und Ziele

Orientierung für ein selbstbestimmtes Leben

Werte und Ziele sind grundlegende Elemente, die deinem Leben Sinn und Richtung geben. Deine Werte spiegeln wider, was dir wirklich wichtig ist, und beeinflussen deine Entscheidungen und Handlungen. Sie bilden das Fundament für ein authentisches und erfülltes Leben. Ziele hingegen helfen dir, konkrete Schritte zu planen, um deine Visionen zu verwirklichen und deine Werte im Alltag zu leben.

Das bewusste Klären deiner Werte ermöglicht es dir, dich auf das zu konzentrieren, was dir wirklich am Herzen liegt. Es hilft dir, in schwierigen Situationen Entscheidungen zu treffen, die mit deinen Überzeugungen im Einklang stehen. Gleichzeitig fördern klare Ziele deine Motivation und geben dir das Gefühl, aktiv an deiner Zukunft zu arbeiten.

Dieses Kapitel zeigt dir, wie du deine persönlichen Werte identifizieren, authentisch leben und sinnvolle Ziele setzen kannst. Diese Fähigkeiten sind entscheidend, um dein Selbstvertrauen zu stärken und dein Leben in eine Richtung zu lenken, die dir Zufriedenheit und Erfüllung bringt.

9.1.   Persönliche Werte klären

Dein innerer Kompass

Persönliche Werte sind die grundlegenden Überzeugungen und Prinzipien, die dein Denken, Fühlen und Handeln leiten. Sie sind wie ein innerer Kompass, der dir die Richtung weist und dir hilft, Entscheidungen zu treffen und Prioritäten zu setzen. Egal, wo du dich gerade auf deiner Lebensreise befindest, deine Werte helfen dir, den richtigen Kurs zu halten. Wenn du deine Werte kennst, kannst du sicher navigieren, selbst wenn die Sicht einmal unklar ist oder der Weg steinig wird.

Doch viele Menschen sind sich ihrer Werte gar nicht bewusst, was dazu führen kann, dass sie sich in ihrem Alltag fremdgesteuert oder orientierungslos fühlen.

Der erste Schritt zur Klärung deiner Werte ist, dir bewusst Zeit für Reflexion zu nehmen. Frage dich: *Was ist mir wirklich wichtig im Leben?* Vielleicht sind es Ehrlichkeit, Freiheit, Familie oder Kreativität. Werte sind individuell und verändern sich im Laufe deines Lebens. Was früher wichtig war, kann heute an Bedeutung verloren haben, während neue Werte hinzukommen.

Wenn du deine Werte kennst, kannst du bewusster handeln und Entscheidungen treffen, die im Einklang mit deinen Überzeugungen stehen. Das stärkt dein Selbstvertrauen, weil du weißt, dass du deinem eigenen inneren Kompass folgst und nicht nur den Erwartungen anderer gerecht wirst.

Welche Werte sind dir im Leben besonders wichtig? Warum?

Gibt es Situationen, in denen du deine Werte besonders stark gespürt hast?

Welche Werte möchtest du in Zukunft stärker leben?

Wie kannst du deine Werte im Alltag sichtbarer machen?

9.2. Authentizität und Integrität leben

Du selbst sein

Authentizität ist wie das Tragen deiner Lieblingskleidung. Du fühlst dich wohl und sicher, weil sie zu dir passt und dich widerspiegelt. Integrität bedeutet, auch dann diese Kleidung zu tragen, wenn andere vielleicht etwas anderes von dir erwarten. Du bleibst dir treu und gestaltest dein Leben nach deinen eigenen Werten und Überzeugungen, egal, welche äußeren Einflüsse wirken.

Es geht darum, nicht eine Rolle zu spielen oder sich den Erwartungen anderer anzupassen, sondern sich so zu zeigen, wie man wirklich ist. Integrität ergänzt diese Haltung, indem du deine Werte und Überzeugungen auch dann vertrittst, wenn es schwierig wird.

Ein authentisches Leben zu führen, erfordert Mut und Selbstbewusstsein. Es bedeutet, dich ehrlich mit dir selbst auseinanderzusetzen und dich nicht von äußeren Meinungen oder gesellschaftlichem Druck beeinflussen zu lassen. Frage dich: *Wo in meinem Leben lebe ich authentisch? Und wo fühle ich mich gezwungen, mich anzupassen?*

Integrität zeigt sich besonders in herausfordernden Situationen. Bleibst du deinen Werten treu, auch wenn das möglicherweise Konflikte oder Unannehmlichkeiten mit sich bringt? Indem du authentisch handelst, stärkst du dein Selbstvertrauen, weil du dir selbst beweist, dass du zu deinen Überzeugungen stehst.

Wann hast du das Gefühl, wirklich du selbst zu sein?

Welche Situationen bringen dich dazu, dich anders zu verhalten, als du eigentlich bist?

Schreibe über einen Moment, in dem du trotz Druck oder Kritik deinen Überzeugungen treu geblieben bist.

Welche kleinen Schritte könntest du heute unternehmen, um authentischer zu leben?

9.3.   Kurz-, Mittel- und Langzeitziele definieren

Schritt für Schritt vorwärts

Ziele sind essenziell, um deinem Leben eine Richtung zu geben. Sie helfen dir, deine Energie und Zeit gezielt einzusetzen, und geben dir ein Gefühl von Sinn und Fortschritt.

Ziele sind wie eine Reise mit Zwischenstopps, doch nicht alle Ziele sind gleich: Deine Kurzzeitziele sind die ersten Haltestellen, die dir kleine Erfolge bringen und Motivation bieten, während dir mittel- und langfristige Ziele eine Perspektive und Orientierung geben und dein endgültiges Ziel markieren.

Beim Setzen von Zielen ist es wichtig, diese klar und konkret zu formulieren. Frage dich: *Was genau möchte ich erreichen, und bis wann?* Vage Ziele wie „Ich möchte gesünder leben" sind schwer umzusetzen. Konkrete Ziele wie „Ich möchte dreimal pro Woche Sport treiben" sind hingegen messbar und greifbar.

Eine sinnvolle Strategie ist es, große Ziele in kleinere Etappen zu unterteilen. So kannst du schrittweise Fortschritte machen und dich regelmäßig über Teilerfolge freuen. Das steigert deine Motivation und dein Selbstvertrauen, weil du merkst, dass du auf dem richtigen Weg bist.

Welche kurzfristigen Ziele möchtest du innerhalb der nächsten Woche erreichen?

Welche mittel- oder langfristigen Ziele hast du, und warum sind
sie dir wichtig?

Welche Schritte sind nötig, um eines deiner Langzeitziele zu erreichen?

Schreibe über ein Ziel, das du erreicht hast. Wie hast du dich dabei gefühlt?

9.4.   Lebensvision entwickeln

Dein ideales Leben gestalten

Eine Lebensvision ist wie ein weit entfernter Leuchtturm in der Nacht. Auch wenn du noch weit weg bist, gibt dir das Licht Orientierung und Hoffnung. Es zeigt dir, dass dein Weg eine Richtung hat, und motiviert dich, Schritt für Schritt voranzugehen, bis du schließlich den sicheren Hafen erreichst, den du dir erträumt hast.

Eine Lebensvision zu entwickeln bedeutet, ein klares Bild davon zu haben, wie du dein Leben gestalten möchtest. Sie gibt dir langfristige Orientierung und hilft dir, deine Ziele und Prioritäten zu definieren. Deine Vision sollte auf deinen Werten basieren und das widerspiegeln, was dir wirklich wichtig ist.

Der erste Schritt, eine Lebensvision zu entwickeln, ist, dich zu fragen: *Wie möchte ich in fünf, zehn oder zwanzig Jahren leben?* Denk dabei an verschiedene Lebensbereiche wie Beruf, Beziehungen, Gesundheit und persönliche Entwicklung. Lass dich nicht von aktuellen Einschränkungen oder Ängsten zurückhalten – deine Vision darf groß und inspirierend sein.

Eine Lebensvision ist nicht nur richtungsweisend, sondern gibt dir auch Kraft und Motivation. Sie erinnert dich daran, warum du bestimmte Schritte gehst und welche Ziele du verfolgst. Auch wenn der Weg nicht immer einfach ist, zeigt dir deine Vision, dass du auf etwas hinarbeitest, das dir wirklich wichtig ist.

Indem du deine Lebensvision klar definierst und regelmäßig überprüfst, stärkst du dein Selbstvertrauen. Du erkennst, dass du die Fähigkeit hast, dein Leben aktiv zu gestalten und in die Richtung zu lenken, die dir wichtig ist.

Wie sieht dein ideales Leben aus? Beschreibe es so detailliert
wie möglich.

Welche Hürden musst du überwinden, um deiner Lebensvision näher zu kommen?

Was könntest du heute tun, um deinem Traumleben einen Schritt näher zu kommen?

Welche Menschen oder Ressourcen könnten dir helfen, deine Lebensvision zu verwirklichen?

Schlusswort

Du hast es geschafft – du hast dieses Buch nicht nur gelesen, sondern dich aktiv mit deinen Gedanken, Gefühlen und inneren Überzeugungen auseinandergesetzt. Das verdient Anerkennung, denn die Arbeit an sich selbst erfordert Mut, Offenheit und Ausdauer. Jeder Schritt, den du auf dieser Reise gegangen bist, trägt dazu bei, dein Selbstvertrauen zu stärken und dein Leben nach deinen eigenen Vorstellungen zu gestalten.

Denke daran: Selbstvertrauen ist kein Ziel, das du einmal erreichst und dann abhaken kannst. Es ist ein fortlaufender Prozess, der sich mit jeder Erfahrung, jedem Erfolg und auch jedem Rückschlag weiterentwickelt. Du bist jetzt besser gerüstet, um die Herausforderungen des Lebens mit Klarheit und innerer Stärke anzugehen.

Ich hoffe, dass dieses Buch dir hilfreiche Impulse geben konnte und dich auf deinem Weg begleitet hat. Vielleicht sind einige Fragen oder Übungen dir besonders nahegegangen, vielleicht hast du neue Perspektiven entdeckt, die dir geholfen haben, bestimmte Themen anders zu sehen.

Was auch immer du aus diesem Buch mitnimmst – es ist dein persönlicher Fortschritt, und darauf kannst du stolz sein.

Deine Erfahrungen sind wertvoll!

Falls du das Gefühl hast, dass dir dieses Buch geholfen hat, oder wenn du besondere Erkenntnisse daraus gewonnen hast, würde ich mich freuen, davon zu hören. Besuche gern meine Website *www.psychotherapie-och.de/blog*, auf der du weitere Inhalte und meinen Blog findest. Dort teile ich regelmäßig Artikel und Übungen rund um psychische Gesundheit und persönliches Wachstum.

Für Fragen, Feedback oder persönliche Nachrichten kannst du mir auch jederzeit eine E-Mail schreiben:

info@psychotherapie-och.de

Jede Rückmeldung ist nicht nur eine Bereicherung für mich, sondern zeigt auch, dass die Arbeit, die wir hier gemeinsam begonnen haben, Früchte trägt.

Zum Abschluss möchte ich dir noch einmal danken – für dein Vertrauen in dieses Buch und vor allem in dich selbst. Du bist den ersten Schritt gegangen, und ich wünsche dir von Herzen, dass du weiterhin mit Mut und Zuversicht deinen Weg gehst. Dein Selbstvertrauen ist deine größte Stärke, und es wird dich in allen Lebenslagen begleiten.

Herzlichst,
Jonny Och

www.ingramcontent.com/pod-product-compliance
Lightning Source LLC
Chambersburg PA
CBHW051601250726